领导的艺术
高效领导权威指南

[英] 乔·欧文（Jo Owen）◎著　　路旦俊 杨伟◎译

HOW TO LEAD

湖南科学技术出版社

目　录

致 谢

　　本书的撰写过程可谓是一次个人的探索之旅。在这一旅程中,我有幸遇见众多的向导,他们中间既有我的老相识,也有新朋友。如果没有"以教为先"(Teach First)的员工和参与者们的鼓舞,我根本不可能开启这个旅程:如果他们成为未来的领导者,那便是未来之幸。"以教为先"创立16年来,已经成为英国最大的毕业生招聘机构:这本身就是践行领导哲学的典范。我希望本书能够帮助"以教为先"的所有参与者开启他们通往领导职位的旅程。

　　感谢我的代理人弗朗西斯·凯利,以及培生教育集团的理查德·斯塔格和克里斯托弗·库德莫尔。没有他们的倾力支持,我根本没有勇气开始撰写此书。

　　在《领导的艺术》这本书的研究过程中,许多人为我献出了宝贵的时间,并提供了无私的支持。感谢"以教为先"、"未来领袖"(Future Leaders)和"教学领导者"(Teaching Leaders)这三大教育项目的广大员工和参与者们,他们为我提供了鲜活的试验场,让我有机会检验《领导的艺术》中的理念。衷心感谢数以千计的朋友,感谢他们愿意接受访谈、开展讨论、完成问卷。感谢本书前四版的读者们，他们或踊跃贡献实用的观点，或提出有挑战性的问题，或分享个人的经验。非常遗憾，我无法将这些素材一一呈现。最后，感谢这些年来与我保持合作的100余家组织，这些组织让我受益匪浅，也希望我对它们也有所裨益。

领导者与作者一样，要学会承担责任。本书中的不当之处皆由作者承担，与给予我帮助的现任和未来的领导者们无关。

第五版前言

从读者对《领导的艺术》前四版的反应来看，他们对领导学知识十分渴求。本书的基本宗旨是：任何人都能学习领导学，任何人都能提高领导力。当领导就像从事体育运动或者音乐工作，我们不一定要成为天王巨星，但经过适当的训练和恰当的指导，我们都能提升技艺，至少能发挥最大的潜力。

相较前面四版，第五版有了质的飞跃。这一版不仅继续关注领导的实用技能，而且强调如何提高领导效率，也就是说，如何将技能付诸行动。但是现在这个版本还关注领导们如何在 21 世纪取得成功。在前面几个版本中讨论 21 世纪为时过早，但是有一点非常清楚：21 世纪与上一个世纪截然不同，这无疑对领导们的业绩提出了更高的要求。第五版勾勒出了成功所需的一些亘古不变的技能，以及在 21 世纪取得成功所需的各种新技能。

自第一版出版以来，我在领导学领域进行了 13 年的持续研究。我发现，组织内各个层级的领导者都统一遵循某些行动。这些行动可以归纳为 IPA：即思想（Idea）、人（People）和行动（Action）。优秀的领导者往往有明确的愿景，知道如何带来变化；他们组建团队，实现变革；他们一步步将思想变成现实。这些听起来非常简单。但是，越是显而易见的事情，管理者们越是视而不见，能付诸实践的管理者更是凤毛麟角。本书将展示各级执业管理者和领导者们如何将这个显而易见的道理付诸实践。

最新的研究表明，今天最出色的领导与过去最出色的领导之间存在着天壤之别。研究结果表明，仅仅通过命令和控制来进行领导已远远不够。今天的领导者需要领导专业人员，需要领导技能超群、学业有成的下属，而这些下属不需要也不想被人命令或控制；领导者还需要领导全球化的团队，这意味着你看不到甚至根本无法管理自己的下属。在这个新世界中，领导者必须学会更多地运用影响力，而不是权力；他们必须适应局面不明朗的情况，适应变革；他们必须与时俱进，在新环境中快速成长。"要么按我说的去做，要么滚蛋"这句口头禅会快速退出领导层。本书的第五版便列出了这些属于 21 世纪的技能，以及这些技能所涉及的心态。本书告诉您，您可以掌握这些技能与心态。

与之前的版本一样，本书援引公共、私营以及非营利组织的原创性研究成果。传统上，多数领导学著作都是基于私营机构的案例，这就暴露出相应的局限性。我本人建立了 8 家全国性的慈善机构（包括英国最大的毕业生招聘机构"以教为先"），我深知非营利组织领导者们的艰辛。与私营机构相比，他们手头的资源十分有限，但是他们的领导任务却一点也不轻松。公共部门的领导者们也不容易——因为公共部门领导者面临着严峻挑战，这些挑战包括大量的约束和严格的监管等。每个部门都可以向别的部门学习。除此之外，各个部门对领导者的技能和行动要求大同小异。领导的原则具有普适性，但如何运用则需要因地制宜。

本书有一定的逻辑顺序，这意味着若从头至尾阅读全书，必然是自然流畅的，但针对那些没有时间将它读完的忙碌的管理者，由于本书的结构核心是一些关键技能，你可以随时选择自己喜欢的章节阅读。如果你看到某个章节能引起你的兴趣，便可以只看该章节。因为本书的每个部分都独立成章，内容自成一体。

与之前的版本一样，读完这本书并不意味着你就能成为一名合格的领导者。但是，这本书能帮你将零碎的领导体验建立成一套结构化的体系，让你从纷繁芜杂的环境中理清头绪；帮助你提高学习能力，为你的领导之路提供有针对性的指导。

引 言

　　领导学通常笼罩着一层神秘的面纱。一说起当领导，大家就想到成吉思汗、纳尔逊·曼德拉、马基雅维利和甘地。只有少数人觉得能与他们比肩，而这些人便是我们值得为之效力的领导。与这些巨人相比，我们更多人会觉得相形见绌。

　　在现实生活中，当我们给优秀的领导者下定义时，会发现这种神秘感变得愈发强烈。在日常生活中，大家都见过优秀的领导，但领导们各式各样，并非千篇一律。

　　一些学者和顾问决心解开领导学的谜团。他们手里握有充足的时间——他们准备进行游猎。为了热身，他们决定设计一种完美的捕食动物。每个人专门负责设计该动物的一种功能。结果他们设计出了一头怪物：这头怪物长有猎豹的四肢，鳄鱼的嘴，犀牛的皮，长颈鹿的脖子，大象的耳朵，蝎子的尾巴和河马的脾性。然而，这头怪物轰然崩塌，因为没有哪一种动物同时能具备这么多特征。

　　这群人并未就此罢休，他们决定设计一个完美的领导者。这个完美的领导者具有以下品格：

- 富于创造、严于律己
- 深思远虑、处事精细
- 善于激励、指挥老练
- 精于指导、敢于放权
- 志存高远、为人谦和
- 诚实可靠、勇于冒险
- 嗅觉敏锐、条理清晰
- 聪明睿智、感情丰富
- 循循善诱、善于调控

然而，这样的领导者也不可能存在。

值得庆幸的是，领导者不必做到尽善尽美。我们必须审时度势，因地制宜。北极熊在北极是完美的掠食者，到了巴布亚新几内亚却变得英雄无用武之地。在和平时期，温斯顿·丘吉尔政绩平平，但是，时势造英雄，到了战争年代，他名扬海外。由此可见，同一个人面临不同的形势，会产生不同的结果。

"值得庆幸的是，领导者不必做到尽善尽美。"

《领导的艺术》这本书探讨的是如何成为一名高效的领导者，而不是成为一名完美的领导者。

寻求领导艺术的灵丹妙药

很久以来，人们一直在寻求领导艺术的灵丹妙药：我们都希望获得这种灵丹妙药，摇身一变，化作光芒耀眼的领导者。

在本书十余年的研究过程中，我得到了 1000 多人的协助，他们分享了各自眼中的有效领导形象，这些领导来自他们所在组织的各个阶层。我对公共部门、私营机构和非营利组织的 50 多位 CEO 级别领导者进行了深度采访。如果有灵丹妙药的话，他们肯定会告诉我。30 年来，我与世界上最优秀的 100 多个组织合作过，也接触过一两家世界上最糟糕的组织，回顾这些经历，我可以探寻领导艺术的最新动向。在过去 12 年中，我还考察了传统的社群，研究他们的领导方式，足迹所到之处，从马里到蒙古，从北极经过巴布亚新几内亚到澳大利亚。在英国周边，我主持了牛津大学"盎格鲁-法兰西领导阶层"项目，研究欧洲大陆与英国本土领导方式的差异。

不幸的是，领导艺术并无灵丹妙药。或者说，即便有灵丹妙药，人们也讳莫如深。可喜的是，我发现了很多好消息：

· 每个人都可以成为领导者。我们研究讨的领导者脾性多种多样，风格各不相同，每个人获得成功的途径也千差万别。

- 你可以按照自己的方法"投骰子"。有些事情所有的领导者都做得很好。这些并不一定会带来成功，但它们可以提高成功的**概**率。
- 通过学习，你可以成为一名领导者。你不需要削足适履——不需要成为拿破仑或者特蕾莎修女那样的人——你只需要竭力做好自己。

本书让你学到高效领导能力的妙招，并将这些做法融入自己的领导风格之中。

揭开领导能力的神秘面纱

说到领导能力，扑面而来的便是一连串含义深刻的简单词汇，例如"愿景""价值观"和"诚实"。领导能力被人说得天花乱坠，甚至神乎其神。在我的探索过程中，这些神秘主义思想逐渐消散。对于下面这些有关领导能力的问题，领导者们给出的答案非常实用：

- 当领导有迹可循吗？
- 愿景是怎么回事？
- 在现实中，价值观有价值吗？
- 有缺点的领导者如何取得成功？

- 为什么一些伟大人物没有成为优秀的领导者？
- 领导者们对追随者有何期待？
- 优秀的领导者有哪些特质？
- 领导者仅仅是身居高位的人吗？
- 如何应对冲突和危机？

　　本书不是有关领导能力的理论专著，而是不同类型的组织中各级岗位上的领导者们的集体智慧。不管你将来身在何处、身居何职，本书将指导你成为一名高效的领导者。

寻找领导能力

　　要研究领导能力，我们不能回避一个简单的问题：领导能力是什么？关于这一点，公说公有理，婆说婆有理，众说纷纭，令人莫衷一是。大家见到优秀的领导者，都能意识到他是优秀的领导者，但要给"优秀的领导者"下个定义，大家无法形成一致意见。

　　　"领导能力就是带领人们取得他们自己无法取得的成就。"

　　我认为亨利·基辛格的定义十分精确："领导能力就是带领人们取得他们自己无法取得的成就。"这句话看似简单，道理也很明显，但实际上有很重要的含义：

- 一个组织内身居高位的人可能处在领导位置上，但不一定具备领导能力。他们可能只是继承了领导岗位，并担任管家的角色。

- 一个组织内各个级别都可以涌现出领导者。领导能力与职位和级别的高低无关，跟领导者的行为有关。
- 领导者要有人拥护。就算你比爱因斯坦更聪明，没人拥护你也无法成为领导者。

如果领导能力比的是资历，那就没有研究的必要。如果领导能力比的是学历，也没有研究的必要。看一下全球十大自主创业的富豪，我们就会发现，学历并不是成功的必要条件。2014 年底全球十大富豪中有 6 位没有学位：他们是阿曼西奥·奥特加、拉里·埃里森、比尔·盖茨、马克·扎克伯格、谢尔登·阿德尔森和李嘉诚。只有迈克尔·布隆伯格拿过 MBA 证书。你得聪明，但不需要一张纸来证明你聪明。

既然领导能力既不看资历又不看学历，那么优秀的领导者必须具备专业技能吗？这个问题最多只是部分正确。一般来说，领导者有专业技能比没有好。但是，请看看你身边的领导者们。他们专业技能可能并不突出。实际上，随着他们走上领导岗位，更频繁地暴露在公众面前，他们的弱点也逐渐显现。在我的采访中，领导者们意识到一点：他们知道自己缺乏一些核心技能。如果他们不懂会计，就雇一名会计。如果他们不熟悉法律，就雇一位律师。对他们而言，领导工作是一项团队运作项目。作为领导者，你不必样样精通，但你必须有自己的特长。

上述内容对任何一个渴望成为领导者的人来说都是好消息。透过遮蔽领导能力的这层迷雾，我们有了以下几个重要发现：

- 在组织内的任何层级你都可以成为领导者。
- 学历不是成为领导者的必备条件。
- 领导者不必尽善尽美，正所谓金无足赤，人无完人。

但是，我们有必要找到领导者脱颖而出的原因。按照夏洛克·福尔摩斯的原则，一旦你排除无关因素，剩下的就是答案。我们可以梳理出领导能力的真相。

IPA 计划

我决定考察领导者们的行为。他们日复一日地从事普通人的工作。他们参加会议，与人沟通，处理危机，回复大量电子邮件，加班加点。只观察他们一天的工作，很难看出什么端倪。观察他们一个月甚至一年，我们很快就会发现，他们看似随意或者按部就班的会议和交流中间隐藏着明确的目的。

优秀的领导者只关注三个主要方面，也就是 IPA 计划：思想，人，行动。

"优秀的领导者只关注三个主要方面：思想，

人，行动。"

首先，所有层次的领导者都有一个非常简单的想法。所谓想法，说得冠冕堂皇一点就是战略；说得振奋人心一点就是愿景。每一个伟大的企业（不论规模大小）背后，通常都有一个非常伟大且简单的想法。例如：

· 宝洁（P&G）：塑造伟大品牌。

· 微软（Microsoft）：主宰桌面操作系统。

· 脸书（Facebook）：连通朋友。

· 丰田（Toyoto）：质量就是保障。

· 快变（Shazam）：瞬间告诉你歌名。

每个想法可能都很简单，但要实现这些想法却十分艰难。思想的功用在于，它能集中各个公司的能量和资源，让员工明确方向，并且在市场中提供切实可行的竞争和成功途径。思想不是正式的愿景、任务战略或公司的战略焦点——我们可以把行文措辞的工作交给上层管理者和专家顾问——在实践中，思想就是维系和驱动公司运转的核心。我们会看到各级领导者都有适合自己岗位的思想。

IPA 计划的第二个方面是人。领导者不是单枪匹马，他们通过别人成就事业。这就意味着，优秀的领导者需要建立并激励最优秀的团队，赋予它们充分的权力。作为领导者，只有团队优秀，领导者才算优秀。不要以为你接手的团队就是你将来需要的团队。你必须组建一个能将你的想法变成现实的团队——也就是说，寻找具有相应技能和相同价值观的人员。一般来说，寻找具有相应技能的人很容易，但寻找具有相同价值观的人很难。

IPA 计划的第三个方面是行动。我发现优秀的领导者能够很好地区分信号和杂音。在日常危机、冲突、下属随时可能提出的请求、工作中的各种挫折和意外事件构成的噪声中，人们很容易丢失信号，因一叶障目不见泰山，从而忘记自己必须完成的使命，让眼前的事务遮蔽了真正重要的工作。优秀的领导者们在处理危机的同时，一定会践行他们的思想——他们能够掂量轻重。

IPA 计划对各级领导者都十分重要，该计划构成了本书的基本框架。无论你身处何处，只要遵循 IPA 计划，你就很可能成为更高效的领导者。

领导能力的三大支柱

IPA 计划很简单，但它只是领导能力的三大支柱之一。关注领导人的行动就等于关注症状而非病因。我们可以看到领导者们做些什么，但是必须进一步挖掘为什么他们做事效率很高。

要弄清领导能力的第二个支柱，需要调查人们对自己的领导有何期望。在商业领域，经常要调查消费者的需求，但在领导学领域，人们很少这么做。我们的调查结果很有启发性。但是，在你继续往下读之前，请想一想你对自己的上司有何期待，你对各级领导有何期待。

如果你想成为领导并渴望拥有大批的追随者，那就很有必要了解你的追随者期望从你那里得到什么。人们期望领导者表现出一系列他们特有的行为。关键倒不在于你做什么，关键在于你是什么样的人。

"人们期望领导者表现出一系列特有的行为。"

人们期望高层领导者做出如下行为：

· 能够激励他人；

· 心怀愿景；

· 诚实正直；

· 处事果断；

· 能够应对各种危机。

我们有必要思考一下这里遗漏了什么：管理技能、为人可靠、智商、注重细节、计划和组织能力。随着这次领导能力探索之旅的开启，我们将探索人们期待的领导行为到底意味着什么。我们还会发现应该如何有效地展示这些行为。

至此，胜利似乎唾手可得。但是这个清单看起来似乎不对。我们对高层领导者的期待与对初级领导者的期待并不一定相同。我们询问了 1000 名志愿者对领导能力的看法，结果证实了我们的猜测。他们对初级领导者和高级领导者的行为期待截然不同，具体情况见下表：

对不同级别领导者行为的期待

高层领导者	中层领导者	基层领导者
心怀愿景	能够激励他人	勤奋工作
能够激励他人	处事果断	做事积极主动
处事果断	实业经历	智商
能够应对各种危机	建立人际关系网的能力	为人可靠
诚实正直	能够赋予别人权力	志向远大

我们将在本书中探索这些行为的含义以及如何学会这些行为。目前，需要注意的是，随着职业的发展，你的生存和成功的规则相应地改变。在事业的起始阶段，你需要勤奋工作、为人可靠。这些行为就像跨栏，栏看起来不高，但是很多人却无法跨越。在一开始，只要达到最基本的要求，你就可以成功。

当你晋升到下一个层级，风险也随之而来。你可能学会了一个成功的程式，那就是勤奋工作，为人可靠，做事积极主动。你会自然而然地恪守这个成功的程式，加倍努力工作。如此一来，灾难就降临了。当你跻身中层领导阶层，你需要新的技能。你不再是运动员，在场上奔跑、争抢，你变成场边的教练，你的职责是挑选、训练和指导最优秀的球队——这是一个完全不同的技能，你需要学习。

当你登上事业的巅峰，你的视野随之改变。进入你眼帘的不再是山脚下司空见惯的细节，你站得更高、看得更远，你看到了最重要的地方。这也意味着你需要学习新的技能和行为。

优秀的领导者永远在学习和适应；一般的领导者墨守成规，很快就会发现他们止步不前。学习就是变换工作方式，尝试新鲜事物。其间不乏遭遇挫折的风险，也就是说，优秀的领导者有勇气尝试新的事物；当他们遭遇挫折时，他们需要韧性。他们从不惧怕"失败"这个词，因为他们将每一次挫折都看成是学习的机会，挫折让他们变得更加强大。

"行为并非无源之水，行为与思维方式紧密相关。"

领导者需要不断学习和成长，这一点又影射了本书要探讨的领导能力的第三个支柱。行为并非无源之水，行为与思维方式紧密相关。在过去 5 年中，我的研究重点关注的是：优秀领导者的行为与众不同，是不是因为他们的思维方式与众不同？

领导者有一套独特的思维方式。就像技能和行为一样，思维方式任何人都可以学习。成功的七种思维方式包括：

· 保持积极进取，不要消极沉沦。

· 仰望星空：志存高远。

· 相信自己，否则没人会相信你。

- 保持学习，不断成长。
- 勇敢：加速事业进程。
- 当别人倒在路旁时，坚持到底。
- 有选择性地保持冷酷。

事业顺利时，我们都能展现出这些思维方式。无论事业顺利与否，优秀的领导者总能一如既往地保持这种思维方式。他们比大多数人更能坚守这种思维方式——他们甘愿冒更大的风险，他们做好准备保持冷酷，他们比我们的心态更加积极。本书第46章探讨了他们如何培养这种思维方式。

领导的本质

1. 任何人都能学会领导，并学会更好地领导

你不必是天生的领导者。领导能力人人皆可学习，人人应当学习。你可以学习正面典型，也可以借鉴反面教材。永远不要停止学习。

2. 没有完美的领导者

没有尽善尽美的领导者。不要追求完美——但要追求上进，增进优点。

3. 在任何级别都可以领导

领导能力与工作表现有关，与职位级别无关。只要能带领其他人取得他们自己无法取得的成就，那你就是在领导他们。

4. 增强自身的优点

所有的领导者都具有其他人所不具备的优点，一旦时机成熟，他们就能脱颖而出取得成功。增强你的优点，避开你的缺点。

续表

---

5. 领导工作是一项团体运动

不要孤军奋战。与具有不同优势的人一起合作，他们可以弥补你的短板。

6. 做出改变

不要安于现状。领导者推动自己和他人不断超越，走出舒适区，发展自身的同时推动组织向前发展。

7. 认清自己所处的环境

在一种环境下获得成功的领导者换一种环境可能会遭遇失败。如果你希望获得成功，你就要找到合适的环境，充分发挥自己的特长。

8. 职位越高，交际能力和政治手腕就愈加重要

在初级岗位上，具备专业技能就能得到晋升。随着领导级别的提升，你需要掌握越来越多的人事管理和政治管理能力。

9. 组织内不同层级的领导规则不同

在一个级别取得成功，并不意味着在下一个级别也能取得成功。在不同的层级，对领导者的期望会发生变化——你要了解这些期望，不断学习新的技能来实现这些期望。

10. 承担责任

你要对自己的工作表现、职业生涯和心态负责。

学会如何领导

描述领导能力是一回事，学会如何领导是另外一回事。通常来说，领导能力被商业巨子和历史伟人（几乎都是男性）人为地夸大了。这对普通人来说既没有好处，又不现实。就算我们都想成为成吉思汗或者史蒂夫·乔布斯，也办不到。如果一家公司里的职员都是成吉思汗这种类型的人，那这家公司肯定让人待不下去。因此，成功并不是要你变成别人。当然，你也不能我行我素。如果你像个被荷尔蒙困扰的青少年一样无所事事，株守全世界欣赏你的天赋、人性和才华，那你很可能会望眼欲穿。

　　"成功并不是要你变成别人。"

既然成功不是要你变成别人，也不是要你只做自己，那我们该何去何从？成功之道在于成就最优秀的自己。我们采访过的所有领导者都很清楚，他们之所以能够取得成功，原因在于他们能够增进自己的优点。每个人都有弱点——但是成功之道不在于克服弱点——你不会让举重运动员去参加花样游泳。没有几个领导者凭借自己的弱点取得成功。你不需要变成别人，你只需要做好自己。增强你的优点，避开你的缺点。

本书是你领导旅途中的向导，它聚焦众多实用技能，正是这些技能区分了高效领导者和一般领导者之间的界限。

  "本书不能保证你取得成功，但是它会为你增加胜算。"

  对于领导能力能否通过学习获得，一直有不同的声音。如果答案是肯定的，那么该如何学会领导能力呢？关于这一点也有争论。可喜的是，每个人都可以通过学习，让自己的领导能力达到一定的层次，就像我们能学会一门乐器或者一项体育运动一样。我们不一定会成为伟大的音乐家、运动员或者领导人，但我们至少能有所提高。

  所谓"领导者是天生的，不是后天培养的"的说法令人震惊。近900年来，英格兰一直奉行这个理论，英国王室和贵族生而成为统治者。如此一来，在长达900年的时间里，英国政坛被一群杀人犯、强奸犯、贪官污吏、疯子、毒品走私分子所把控，当然偶尔也会出现一些领导天才。这种论调在商业领域同样经不起检验：大多数家族企业领导者发现，"富不过三代"这个谚语是对的：第一代积累财富，第二代挥霍财富，第三代回到起点。

  相信"领导者是天生的，不是后天培养的"这种说法，实质上就是相信宿命论。如果是这样的话，人们进入职业生涯时，我们干脆对每个人进行 DNA 测试，让测试结果决定他们的命运。在现实生活中，我们可以帮助每个人提高领导潜能。唯一的问题是如何帮助他们提高。我们让大家从以下

6 种途径之中选择两种：

- 书本
- 课程
- 同事
- 上司（包括成功的经验和失败的教训）
- 榜样（职场内外）
- 经验。

　　在查看调查结果之前，你可以想一想哪两个学习途径对你来说最重要。我们就相同的问题采访了全世界数以千计的领导者，得出的答案出奇地一致：没有人说他主要是从书本或者课程中学到领导能力。这对著书立说或者主办培训的人来说无疑是个坏消息。我们要么直接从经验中学习，要么从周围其他人的经验中学习。这是我们获得的最有价值的结论。

　　根据经验来学习领导能力有个问题：经验具有随机性。如果你幸运的话，你会拥有好的经历、上司、同事和榜样。如果你没那么幸运，你会遇到糟糕的经历、上司、同事和典型。但是运气不是战略，希望也不是方法。你需要对自己的领导生涯进行把控，而这正是本书及课程的作用。你将这本书从头看到尾，并不会摇身一变成为领导者——这不是本书的出发点。但是，本书将帮助你理清自己的经历，减少其中的随意性，从而更快地走上领导岗位。《领导的艺术》为你提供了一个框架，让你从经验之中学习领导能力：有了这个框架，你可以在领导生涯之中取得成功。

　　"运气不是战略，希望也不是方法。"

第一篇

思想：确定方向

导　论

　　我们的探索之旅始于思想：这里所说的思想不是任意的想法，而是关于未来的愿景。一旦你有了愿景，你就有了北极星，它能为你导航，让你集中精力，塑造你的团队，赋予你与众不同的地方。最伟大的领导者一定拥有最伟大的思想。身处任何层级的人都可以拥有自己与众不同的思想，凭借这个思想推动团队前行。无论你身居何职，好的思想能够成就你的领导之路。

　　本书的第一篇展示好的愿景所具有的力量，它将领导者和管理者区分开来，这一篇还将阐述如何形成自己关于未来的愿景，这一点跟你现居何职并无关系。当然，拥有愿景还远远不够。你得证明自己的愿景跟现实需要有关，值得努力，能够实现。你需要与人沟通，将愿景"推销"给你的团队和同事。你得清楚如何将自己的愿景与工作单位的正式战略紧密结合起来，也就是说，你能完美地驾驭战略世界。

读完第一篇，你应该能够确定、评估和"推销"你的愿景。这将决定你的未来，因此这一点自然成了本书的起点。第二篇和第三篇的内容分别是建立伟大的团队，将愿景转变成现实，以及掌握行动的艺术，在纷繁芜杂的世界里开展工作。

01

掌控

　　每一位领导者所面临的第一项任务便是掌控。如果你只是一位管理者，那么你比较容易掌控局面。上级任命了你，你有预算在手，有下属向你汇报；你可能还接手了一套制度，能够帮助你管理绩效、预算和进展。要想进行有效管理，你只需管理好所接手的人员、计划和制度。

　　但本书的内容不是管理，而是领导艺术。作为领导者，你需要将业务带到与前任不同、高于前任的地步。对于你接手的组织，保持现状或者一点一点逐步改进无可厚非——所有的管理者都得这么干。但是作为领导者，你的任务不只是管理。你不仅要保留过去的遗产，更要创造未来的遗产。这样一来，变革就成了领导艺术的核心。

　　一个领导者是否优秀，就是要看他能否带领他人取得他们自己无法取得的成就。无论你领导的是谷歌这样的大型机构还是只有五六个人的小型组织，这一点都适用。对于如何改变现状，你得有想法。你得创造一个不同于以往但更加美好的未来。

对于如何创造更加美好的未来，你心里要有明确的想法，这一点听起来很简单，但是在日常的生存斗争中，这一点很容易被忽略。我们可能想改变世界，但是眼前，顾客正在电话里大喊大叫，再过两个小时就到了月底结算，还要准备一份报告，另外有 100 封电子邮件等着你回复。作为一名领导者，一方面你要应对日常的琐事，另一方面，你永远不能忘记你要实现的宏大目标。

你要考虑一下你的岗位，在你的领导下，一到两年之后你能带来哪些改变？当然，你要完成很多预算和绩效目标。如果你是个高效的管理者，你会完成这些目标。如果你运气不佳，这些目标就够你折腾。但是，除了实现你的管理目标，如何让你的部门变得不同、变得更好，甚至让人牢记、让人称道？

"创造一个不同于以往但更加美好的未来。"

要做出改变非常不易。在领导能力培训课程上，我经常让学员们做个练习。我把学员们分成组，然后让每个组说出第二世界大战以来的一位英国首相或一位美国总统的名字。之后，我让他们回忆这位领导人所做的一件事情，当然，不包括他们参与的国外战争。请看一下下表，看看英国首相在学员们的记忆中留下了什么。

领导能力培训学员记忆中的英国首相及其成就

· 艾德礼：建设福利国家。

· 丘吉尔：与战争年代的表现相比，在和平时期显得政绩平平。

· 艾登：苏伊士惨败。

· 麦克米伦：你从来没有过得这么好。

· 道格拉斯-霍姆：大部分小组没有听说过这位首相。

· 威尔逊：20世纪60年代大肆谈论"技术革命的白热化"，尽管没人说得清他所谓的技术和革命到底是什么。

· 希斯：帆船运动、英国加入欧盟。

· 威尔逊（多次当选）：爱抽烟斗。

· 卡拉汉：罢工、停电和每星期工作3天。

· 撒切尔：撒切尔主义、正面和负面影响。

· 梅杰：一个梅杰形象的木偶，裤子外面穿着内裤。

· 布莱尔：伊拉克战争。

· 布朗：金融危机。

· 卡梅伦：在脱欧公投中一败涂地。

观察一下这份首相名单，我们会有惊人的发现。这些曾经长期占据媒体的伟人在人们的记忆中留下的东西少得可怜。只有两位给人留下的印象跟他们的预期一致：艾德礼建设福利国家和撒切尔的撒切尔主义。连丘吉尔这样大名鼎鼎的领导人在和平时期的政绩也很容易让人忘记。还有一位寂寞无名，竟然没有一个学员记得他（道格拉斯-霍姆）当过首相。

两位被人记住的首相都很清楚他们将如何改变国家，而且他们成功实现了自己的目标：在任期内改变了国家。其他首相除了获得权力、战胜对手之外，我们不清楚他们到底想干什么。毫无疑问，他们脑子里装满宏大的计划，在任期内进行了激烈的政治斗争，或许他们坚信自己做出了改变。但是历史的裁决毫不留情：他们中的多数人是失败的领导者。

现在，请你自己接受一下"首相测验"。你会给人们留下怎样的记忆？要人们铭记你是很难的事，更不要说要人们感激你了。回想一下你的上司和 CEO 们：他们做出了什么改变，给你留下了什么记忆？你很可能会发现，你只记得他们是什么样的人，而不记得他们做了什么。你记得他们是怎么对你的，记得他们的言谈举止，但是你不记得他们的行政经费比预算节约了 7%。

如果你想成为领导者，你可以管理你所继承的角色，想方设法改进工作。做到这一点并不容易。如果你想成为领导者，你必须做出改变。你要提出自己的思想，让人注意、让人记住。我们将在下一章进行讨论，一个吸引人的想法将推动你和你的团队取得更好的业绩。

"如果你想成为领导者，就必须做出改变。"

02

为何你的思想很重要

你之所以需要关于未来的愿景，有 5 个方面的原因：

1. 提高成功标准。
2. 获得对企业或单位的控制权。
3. 树立明确的优先意识：你要做什么，不做什么。
4. 为你的团队带来希望和目标。
5. 向人们展示你要做出改变。

提高成功标准

雄心决定着成功的大小。除非你希望能交上好运，否则你的成就很难超出你的规划。但希望不是办法，而好运也不是战略。

你的思想又决定着你的雄心。如果你只想减少办公室回形针的使用量，那么你或多或少一定能取得成功。如果你的雄心是开创新业务，那么你极大地提高了成功标准。最出色的点子往往既简单又宏大。例如，付费搜索（谷歌），为朋友们在网上建立联络（脸书），廉价飞机旅行（瑞安航空公司），这些都是非常简单的点子，却都已经建成了全球性的帝国，积累了巨大的个人财富。与所有宏大的点子一样，这些点子很容易表述，落实时却极富挑战性。

所有宏大的点子都会面临一些巨大的障碍。谷歌起步之初就面临着一些传统机构的激烈竞争。但最大的障碍不是来自于市场，而是存在于我们的头脑之中。每个人对于自己未来的成就和地位都有着梦想，但是在我们找到勇气将想法变成现实之前，梦想只是空想。本书将向大家展示如何形成自己的想法，然后将想法变成现实。

敢于做梦才敢于行动。

获得对企业或单位的控制权

我们已经看到，作为领导者，你的第一项任务就是掌控。如果你负责一个单位却没有清晰的计划，那你就没有完全掌控这个单位——顶层领导每发布一项新的倡议，你只能听凭其摆布；面对困扰所有工作单位的各种纷繁芜杂的目标和优先事务，你只能被动应付。

一旦对自己要如何做出改变有了明确的思路，你就能制订自己的计划，掌握控制权。你可以重整团队，利用各种各样的专业技能，实现这种改变；你可以开始确定优先顺序，分配资源；你可以决定你需要改变什么，决定团队如何工作。你再也不必在公司的日常琐事中随波逐流，相反，你可以朝着自己设定的方向游去。你将获得控制权。领导与随波逐流的区别就在于控制权。

控制不是微管理：如果你控制的是复印机的使用权限，那你很可能选错了控制对象。弱势的管理者通常以为微管理就是领导。它给人掌控一切的假象，这样管理者就不必冒险去决定工作的重点，或者决定你要将团队带往何处。控制意味着设定方向，建设团队，赋予团队权力并支持团队实现目标。不要把精力放在复印机上，要把精力用在关键的地方。

树立明确的优先意识：你要做什么，不做什么

有多少人觉得他们的目标太少，太容易实现？没有几个人。职场生活一点都不轻松。随着公司变得越来越简约，越来越扁平化，公司内的领导者面临越来越大的压力。他们面临着相互冲突的目标：既要完成上司布置的目标，又要与其他部门的同事协同工作，有时还要与其他部门的同事相互竞争。

大多数人都能应对压力，有些人在压力之下获得发展。但是很少有人能够长期有效地应对压力。面对工作的重压，我们会不会产生情感压力，主要看我们能不能获得控制

权——如果我们必须要实现目标，一旦我们能够控制自己的命运，我们就能应对挑战；如果我们丧失控制权，将我们的目标交由别人掌控，放任上司和同事在最后一刻提出要求，放弃关键的资源，任由领导随意设定截止期限，我们就会失去对命运的控制，我们的压力水平就会直线上升。

"面对工作的重压，我们会不会产生情感压力，主要看我们能不能获得控制权。"

一旦有了明确的计划，你就开始赢得控制权。你能够以此为参照拒绝承担毫无意义的工作，你可以将时间和精力集中在关键的事务上。虽然没有人能做到百分之百的掌控，但这并不能阻止我们获得一部分掌控权。在这个矛盾复杂的世界上，我们需要尽量明确目标。而没有计划，没有愿景，我们就无法明确方向，也无法获得控制权。所以明确计划是获得控制权的第一个关键步骤。

为你的团队带来希望和目标

当我们询问大家对好上司有什么期待时，得到的大量反馈意见通常涉及糟糕的上司有什么特点。那些无法做出决定、不断改变想法的上司让受访者们难以集中精力。这会降低团队的士气，因为这意味着不确定性、疑惑以及无休无止的重复劳动。每次领导者改变想法，就会造成重复劳动，原因是领导者缺少对团队工作的明确方向。

追随者们希望领导者具有明确的方向。他们愿意相信自己在为更加美好的未来而奋斗——他们期待领导者为他们的工作带来明确的方向、希望和目标。

世界变得越来越复杂，"管理复杂性"受到人们广泛关注。做到管理复杂性，你需要聪明的才智，加上辛勤工作。但是，你要想化复杂为简单，创造你的团队渴望的明确目标和重点，就需要聪慧过人。如果你对自己想要取得的成就有明确的想法，你就能为团队设定明确的目标。

向人们展示你要做出改变

回想一下"首相测验"。所有的首相都相信自己做出了改变，相信自己在历史上赢得了一席之地。但是他们没有带来令人瞩目的改变。

如果你想成为领导者，就必须让人看到你所做的改变。这是个艰难的考验。我们所有人都可以相信自己做出了改变，但是谁会相信我们？要想验证你是否带来了真正的改变，请回答下面的问题：

- 比我高两级的领导是否会注意到我在做什么？
- 其他部门的同事是否会认为我在带来改变？
- 十年之后，我会记得今年吗？

请放心，仅靠实现关键绩效指标或者节约几个百分点预算，根本无法通过这项测验。

即便身处高层，领导者也需要向董事会、顾客和股东讲述一个简单的故事。没有人会记得一份长达 80 页、制作精美的 PPT 报告。考你一下，下面这些公司背后最简单的思想是什么：谷歌、微软、劳斯莱斯汽车、利德廉价连锁超市？毫无疑问，这些公司都有详尽的战略和计划，但是驱动它们的只是一系列简单的理念：

- 谷歌：付费搜索。
- 微软：主宰桌面操作系统。
- 劳斯莱斯汽车：豪华汽车。
- 利德超市：通过扩大规模和限制商品种类实现低成本零售。

这些企业正是靠不断追求一个简单的理念而成为各自行业中的翘楚。这就是一个好理念的力量。但是，思想也可能毁灭企业。乐购通过在伦敦以外的地区建立大型的零售商店降低成本，成为英国市场的领头企业。但是，这家企业遭遇到利德和奥乐齐这类价格更低的竞争对手的夹击。这两家企业的商品类别更少（每家为 2000 到 3000 种，而乐购则有 30000 到 40000 种）。而在高端市场，即高价、优质产品和优质服务方面，乐购又受到维特罗斯商场这类零售商的威胁，因为后者更加便利。

随着移动计算技术的发展，安卓这类免费操作系统提供了可替代的选择，因而微软面临着威胁。毕竟，任何一家企业都很难跟免费的产品展开竞争。

"领导者需要向董事会、顾客和股东讲述一个简单的故事。"

03

形成你的思想：构建美好愿景

　　领导者们得到的最糟糕的建议可能就是"要紧的事情优先办"。这就是说，我们要优先处理手头和眼前的事务。这么做听起来很务实，但是在实践中，这适合救急、处理危机以及无休无止地应对日常管理中的一切噪声和混乱。领导者若以这种方式开展工作，通往未来的道路就具有很大的随机性，即遇到什么情况，就解决什么情况，随波逐流。风朝北刮，你就往北走；风朝西刮，你就朝西走。

　　今天的现实既是制约，又是机遇：你必须着手解决。但是你不仅要解决问题，还要让事态朝着你的目标发展。

　　作为领导者，你从一开始就要憧憬美好的未来。不妨做个练习，想象一下：你想让你的团队和你的事业 3 到 5 年之后变成什么样子？不要让你今天拥有的一切限制了你——明确你到底想要什么。尽可能具体地描绘一下你的未来：你将来会做什么？你的团队会变成什么样？你将来会取得什么成就？带来哪些改变？如果未来跟今天没什么不同，要么是因为你在空想，要么是因为你没有尽力。

一旦确定了愿景，就可以将这个愿景视为出发点，开始倒过来逆向努力。不必再坚持"要紧的事情优先办"，而要从最后的事情开始办。如果连自己要去往何方都不知道，你就不可能到达终点。

在你设想完美未来时，要做的事情可能多达几十件。但是在这些事情当中，可能只有两三件事情最关键。将精力集中在这些事情上——分析如何优先实现重要的事情，然后再逐步考虑细节，不要一开始就操心细节。

这个愿景是你的北极星，它告诉你应该优先处理哪些事情，需要重点关注哪些事情，你需要什么样的团队，需要什么样的支持。它还能指引你，不需要花费精力做哪些事情，或者说哪些事情应该授权给别人去做。区分了重要工作和非重要工作之后，我们就有了很实用的时间管理工具。

你的愿景必须简单明了，并且能够给股东、受托人、员工、供应商和顾客带来切实利益。他们都有很多事情要操心，比如按揭、购物、假期、账单和周末。对他们来说，你的愿景可能还没有"买猫粮"重要。因为没有愿景，猫不会饿死，没有猫粮，猫必死无疑。因此，要想让别人注意你的愿景，你要花大力气，更不要说让别人为你的愿景采取行动。

世界变得越来越复杂，变革越来越频繁，指明一个简单的方向就显得尤为重要。在实践中，化复杂为简单，考验的是领导者的智慧和勇气。

现在我们可以看看现实生活中一些组织的愿景。好的愿景能让大家明白：他们要去向何方，他们应该做什么与不做什么。好的愿景没有固定的形式，也没有固定的风格。我们可以看 3 个例子：

1. 英国皇家空军红箭飞行队：呈现完美的飞行表演。

2. 瑞安航空公司：低成本航空公司。

3. 美国国家航空航天局：人类第一次登月。

"你的愿景必须简单明了，并且能够带来切实利益。"

这些愿景简单到不能再简单，其中的道理也显而易见。人们一眼就能看明白。这些愿景点明了工作重点。在这几个例子中，一个简单的思想推动了组织的发展。

红箭飞行队

红箭飞行队是英国皇家空军的飞行表演队。这支飞行队有清晰的愿景——呈现完美的飞行表演。他们没有将其他飞行表演队作为自己的竞争对手。对他们来说，衡量成功的唯一标准就是"完美"。

从精心挑选飞行员到周密策划每一次飞行任务，再到每一次完成飞行任务之后系统地总结经验，看是否有改进之处，追求"完美"贯穿红箭飞行队的所有工作。红箭飞行队具有明确的愿景，明确工作的重心。

瑞安航空公司

　　航空公司可以从很多方面展开竞争：具体包括飞行中的服务，会员优惠，便利的时间表，航线网络，伸腿空间，机上娱乐，食品和饮料质量，机场休息服务，卧铺床，准点率，机场选择，衔接度等。

　　面对所有这些竞争和挑战，瑞安航空公司的创始人迈克尔·欧莱利做了一个简单的回应：降低成本，降低成本，降低成本，降低成本，降低成本，降低成本，降低成本，降低成本，降低成本，降低成本，降低成本，降低成本。

　　这个愿景非常简单，非常有针对性，也非常奏效。包括顾客在内的每个人都明白这个愿景的意义。一切都围绕着降低成本而展开：

- 飞机：只选择一种型号，最大限度降低成本。
- 营销：不找旅行代理，最大限度降低成本。
- 售票：电子确认，省去昂贵的纸张费用。
- 准点：提高机群使用率，最大限度降低成本。
- 机场：使用二线机场，降低飞机起降费用，提高转机速度。

作为一家低成本航空公司，瑞安航空与大型航空公司拥有不同的市场和经营模式，在低成本航空市场变革中找到生存空间。相比之下，大型航空公司的职员在服务具有不同身份和不同需求的乘客（乘坐经济舱的乘客和乘坐头等舱的乘客）时感到无所适从。两类航空公司之间的差别显而易见：在英国航空公司的客机上你看到的是西装革履的商业人士，在瑞安航空公司的客机上，你很少看到身着西装的乘客。

"即使最优秀的愿景也不是永恒不变的。你必须做出调整，才能生存下去。"

这个愿景让瑞安航空稳健地运行了超过 15 年，让它成为欧洲最大的航空公司，2014 年乘客人数突破 8200 万人。但是，任何一个愿景都可能面临挑战：比方说，竞争对手们提供更便利的机场，更优质的服务。因此，瑞安航空进行了激烈的改革，尝试提升用户服务。用迈克尔·欧莱利的话说："我必须承认，对我来说这是全新的经历。但是，如果这么做是正确的，我希望我们能更早让顾客得到更优质的服务。"2017 年，他被迫取消数千个航班，公司的收益和声誉受到重创，他也因此发现了降低成本的局限性。降低成本也会让人付出巨大代价。即使最优秀的愿景也不是永恒不变的。你必须做出调整，才能生存下去。

美国国家航空航天局

1962 年，美国总统肯尼迪承诺在 10 年之内将人类送上月球，然后将其安全带回地球。这是个经典的愿景：肯尼迪创造了一个简单、清晰而诱人的目标，从而将整个国家的努力汇聚到一起。

为了完成这项任务，他创建了美国国家航空航天局（NASA）。尽管当时没人知道这个愿景能否成功，但它引人入胜并终获成功。实现成功登月之后，NASA 所取得的一系列成就向我们展示了愿景的力量。NASA 取得过不少成就，比如成功将哈勃望远镜送上太空，也遭遇过一些失败，比如"挑战者"号航天飞机爆炸，但是它已经偏离了最初的焦点，丧失了原来的动力。肯尼迪最开始提出这个愿景，目的是要缩小与俄罗斯（苏联）在太空的差距。苏联宇航员尤里·加加林是第一个进入太空的人，美国不希望将太空的控制权拱手交给冷战中的对手。

你可以用"RUSSIA"标准检验一下你的愿景有多大力量：

- 相关性（Relevant）。你的愿景跟你的需要是否相关？美国在太空竞赛中面临着失败的危险，因此肯尼迪提出的愿景跟美国的需要具有很高的相关性。

- 唯一性（Unique）。你的愿景（"成为世界顶级"）是否适用于其他公司？如果适用，说明它还不够好。NASA 的愿景独一无二。

- 简单性（Simple）。如果没人能记住你的愿景，他们就不会为之奋斗。50 多年过去，肯尼迪构建的愿景依然具有强大的吸引力，依然令人印象深刻。

- 拓展性（Stretching）。领导能力就是带领人们取得他们自己无法取得的成就。也就是说，愿景能够帮助人们拓展自己。毫无疑问，NASA 的愿景正是带领人们到达他们自己无法到达的地域。

- 个体性（Individual）。为了实现这个愿景，每个人是否清楚自己该做什么？NASA 简单的愿景让每个人都有了明确的方向，知道自己该做什么，工作的重心在哪里。

- 可行性（Actionable）。你的愿景必须具有可行性和可测量性——它能够帮助员工确定工作的优先顺序，明确应该做什么，不做什么。

按照"RUSSIA"标准来检验一下你的愿景，结果怎么样？

04

中层领导者与思想

中层领导者在许多方面比高层领导者的处境更难。与高层领导者相比，身处中层，你手头的资源较少，权力更小，上司更多，相互掣肘的事务更多。身处高层，或许更容易看到全景，把控全局。身为中层领导者，你不能绘制自己的工作蓝图，你心中的宏图大志必须服从于公司的整体战略。然而，这并不能阻止你进行变革。我们可以举例阐释这一点。

> "身处高层，或许更容易看到全景，把控全局。"

后勤部经理

高级合伙人刚刚发表了一场重要的演讲，他说公司的未来取决于团队协作。如果要满足全球各地的公司不同类型的需求，所有的合伙人需要通力合作，为用户提供综合性的服务。这就意味着每个合伙人不能再各自为政。尽管合伙人们不一定喜欢这个想法，也不一定愿意放弃各自的领地，但这个关乎全局的构想很有道理。

后勤部经理没有出席会议，因为在众位合伙人的眼里，他无关紧要。但他听说了这个愿景后，便开始思考他应该做些什么：作为后勤部经理，他负责餐饮、厕所、物业和保洁。一个后勤部经理到底应该怎样通过改进团队协作来帮助合伙人更好地为全球客户服务？

最后，后勤部经理鼓起勇气去见高级合伙人。他走进行政大楼，和别的地方相比，那里的花儿更鲜、地毯更厚。他走进高级合伙人敞亮的办公室，里面悬挂着名贵的画作，陈列着仿制的古董。

后勤部经理清清嗓子说："如果您真想让各位合伙人实现团队合作，您要做的第一件事就是撤销所有办公室。这些办公室妨碍了同事之间的相互交流，阻碍了合伙人之间相互见面。因此，您应该从撤销合伙人的办公室开始做起。作为高级合伙人，您的办公室应该首先撤销。"

高级合伙人沉默不语，因为他一心希望其他人做出改变。与此同时，他也很聪明，他意识到刚刚听到的是真话。于是他安排公司的多数合伙人共享一间办公室——办公室很宽敞很豪华，却是共享办公室，而不是一间间独立的办公室。由此开始，办公用房改革在公司内迅速开展：独立办公室和小卧室被开放式办公间取代，有些员工甚至分时共享办公桌。突然之间，后勤部经理成了颇具声望的人物：他结合公司愿景产生了一个重大的想法，带来了改变，帮助公司建设美好未来。

风险经理

一家银行在金融危机期间九死一生，因为得到政府援助才幸免破产。解决了眼前的燃眉之急后，CEO 必须思考如何重建一家可持续发展的银行。危机过后，银行非常关注内部改革：降低成本、变卖资产、削减职员、简化操作。CEO 清楚地认识到，他不能切断自己通往成功的道路，他要为公司构建愿景。因此他决定，这家银行要争做市场上最注重客户服务的银行。这是个伟大的构想，将对公司的每一位员工产生深远的影响。

当然，并非每一位员工都包含在内。任何一家银行的风险部门都不受待见。他们给人的印象是喜欢说"不"；他们阻止工作往下开展，总是要求提供更多信息、更多报告、更多细节；他们花费了银行的经费，却没有一分产出；他们是银行中最不关注客户的群体。

风险部经理意识到这是个绝佳的机会。如果他能让风险跟客户紧密联系起来，他将改变风险部在银行的形象。因此，他开始每个月花一天时间在银行各大支行里观察前台的工作。结果真是大开眼界：他看到风险流程降低了顾客下决定的速度，顾客经常被问及一些毫不相关或者重复啰嗦的问题，结果反而忽略了一些重要的问题。他彻底改进了风险评估的方式，以顾客为本，在合适的时间询问合适的信息，让顾客尽快下决定。能不能达成交易，关键就是要看顾客能否快速下决定。

在上面两个例子中，风险经理和后勤部经理都向我们展示了如何将 CEO 的计划转化为适用于自己部门的点子。这样的行动传到 CEO 的耳朵里，无异于天籁之音。为了将自己的想法付诸实践，CEO 们经常要跟管理层较劲，经常要面对下属们的无动于衷。例如，一家欧洲专业服务公司的总裁决定将工作重心从区域转移到产业上。负责意大利、德国、法国和英国地区的部门负责人自然都辩解说他们的市场各有各的特色。但是总裁的逻辑很清楚：要想在电信、医药或者保险行业向专业纵深发展，唯一的办法就是在欧洲地区成为该领域的龙头企业。幸运的是，有一两个地区的负责人看到了希望——荷兰地区代表愿意放弃自己的职位，帮助公司将重心向产业转移。当公司宣布新的组织结构时，之前反对这一行动的各地区负责人失业了，而支持改革的领导们突然成为公司泛欧洲地区业务的负责人。

"CEO 们经常要跟管理层较劲，经常要面对下属们的无动于衷。"

　　如果你的 CEO 已经形成清晰的计划，你必须想方设法去支持这个计划，而不是去破坏它。只有这样，你才能从中受益。你要接受他们的思想，将其融入你的领域。只有这样，你才能做出改变，才能得到 CEO 的支持，才能得到公司的注意。

05

传达愿景

有了愿景之后，如何将它传达出去呢？如果你准备一份200页的演示文稿，你的胜算肯定不大。用带着重号的演示文稿来折磨你的团队并不可取。同理，如果你站在桌上，大声宣布"我有一个梦想……"，你的团队可能会悄悄帮你联系精神病医生。

可喜的是，你不必成为伯里克利、丘吉尔或者马丁·路德·金这样伟大的演说家。你只需要讲述一个故事，而这一点我们都能做到。这个故事很简单，只有3个部分：

- 我们现在的处境，以及为何要做出改变。
- 我们要去往何方，这对大家有什么意义。
- 我们如何实现目标，需要你们做些什么。

这个故事很简单，并且越简单越好。在今天的世界里，我们面临太多的选择，这些选择让世界变得复杂，让人们无所适从，而这些恰恰是我们无法承受的障碍。

"一个好的愿景会让目标变得清晰，让组织内各层面的人员做出更好的决定。"

CEO 们喜欢阅读公司的简报和年度报告。简报和报告上通常有很多讨好 CEO 的照片：威严地坐在办公桌后面，活力四射地出现在公司现场，威风凛凛地跟皇室或者政府部长站在一起，或者落落大方、热情洋溢地出现在公司的颁奖会场。一般来说，公司的简讯就是为了证明 CEO 是个举足轻重的人物。

现在退一步想想你刚开始工作时的样子。你多久读一次公司简报，你对上面的内容相信多少？令人悲哀的是，依然有些 CEO 相信，写几篇行文优美的文章，发几封鼓舞人心的邮件，或者开一场铺张的会议、拍一段铺张的视频就能让新的愿景深入人心。请仔细想想吧。

传达愿景，可以采用宽带（一对多）和窄带（一对一）这两种方式。

用宽带传达愿景

要想成功地传达愿景，需要注意以下 3 个方面：

1. 传达的愿景要一致。

2. 要不断重复愿景。

3. 采用多种方式传达愿景。

请回顾一下那些成功的愿景，这些愿景都可以用一句话或一个短语进行概括。如果你的愿景很美好但措辞很复杂，请将它扔掉。只有用最简单的语言表达愿景，别人才有可能记住。

"不断重复愿景别人才会记住。"

不要玩含蓄。如果创造出戴姿（Daz，英国著名洗涤剂品牌）公司的广告词那样的愿景，我会感到愧疚。超过65年，戴姿公司的广告词一直没变：要美白，用"戴姿"。这句广告词并不晦涩，至少人们记住了它要传达的信息。即使你已经向同一个群体多次传达了自己的愿景，也不要指望你就可以继续传达其他信息。你能做的，只有继续重复这个愿景。

最后，使用多种方法传达愿景。有些方法很简单：简报、邮件、公司大会、日常会议、培训、网站、亲民活动都可以成为传达愿景的平台。你对愿景谈论得越多，你得到的反馈就越多。这样，你就能更好地传达愿景，并不断加以完善，游刃有余地应对各种类型的听众。

赞扬成功和奋斗的故事。当你发现有人沿着你所构建的愿景做出了成绩，你要在公共场合提到他们的名字，赞扬他们。

用窄带传达愿景

总的来说，当领导需要躬身实践。你无法通过遥控实现对别人的领导。正如英国作家约翰·勒卡雷所写的："从办公桌上观察世界是非常危险的。"这句话不仅适用于间谍，也适用于领导者。

你需要建立一个对你的愿景抱有信仰的团队和人际网络。很明显，你的高层领导团队必须认同你的愿景，如果他们不认同你的愿景，就该让他们走人。一个缺乏自我认同的团队不可能取得成功。

"你需要建立一个对你的愿景抱有信仰的团队和人际网络。"

此外，你需要在组织内部与特定的个体组成的关系网保持接触。你需要充分利用组织内的非正式权力网络。只靠宽带媒介传达你的愿景是不够的。

组织内的简报与苏联时期《真理报》的风格和可信度很相似。你需要跟组织内非正式权力网络的代表接触和交流。

在不同的场合与不同的人接触时，你可以自然而然地与这些人交往，也可以抓住机会与之沟通。在现实生活中，有些个体在组织中通过非正式权力网络产生的影响，比通过正式权力网络产生的影响大得多。这些人可能是某个社交俱乐部的上司，也可能是资历很老的员工，他们看惯了 CEO 走马换将。这些人可以散布谣言，也可以传播希望。因为他们置身正式的权力网络之外，所以他们受到大家的信任；因为他们有广泛的人际网络，所以他们很有影响力。正是这部分人主宰着非正式的权力网络——如果他们说新的愿景很有前途，人们会相信他们的话。

有一位 CEO 对自己前 3 年的任期进行回顾之后发现，自己超过一半的时间用在了传达愿景上。人们不会轻易相信你的愿景。如果你已经花了 6 个月的时间构建并优化愿景，那你别指望人们通过你 45 分钟的陈述就能接受。你必须坚持不懈，创造各种机会传达你的愿景。

改革修鞋匠：传达服务愿景

约翰·廷普森（John Timpson）拥有并经营着650家修鞋店。修鞋是最枯燥乏味、最微不足道、最没有前途的行业之一。没有多少人愿意自讨苦吃地去涉足这个行业。然而，约翰·廷普森却在修鞋行业大获成功。他的职员为自己作为公司的一员而感到骄傲。他意识到修鞋行业同样是一门服务行业。只有认清这一点，才能取得成功。优质服务可以带来更多顾客。"优质服务"这个简单的理念，推动了他的事业。他意识到，雇佣性情温和的修鞋匠并将他们培训成和气的服务型员工要比雇佣脾气暴躁的修鞋匠更加容易。他意识到自己需要进行变革。

廷普森对区域经理进行培训，让他们根据服务能力而非修鞋技能挑选员工。区域经理们听到了他的要求，但是没有明白他的意思。他们继续雇佣修鞋匠，不过是些脾气不怎么暴躁的修鞋匠。最后，廷普森改变了招聘评估表。他删除表上所有的文字，在表的一边画上不同类型的人物："整洁先生"、"快乐先生"、"敏捷先生"、"聪明先生"和"可靠先生"；表的另一边画着"凌乱先生"、"迟到先生"、"邋遢先生"和"懒惰先生"图画。区域经理必须对每一位应聘者归类。这样的招聘模式并不会招到多元化的人才，但是这种方式很奏效。区域经理终于明白上司的用意，招到了合适的员工。廷普森淘汰了传统的修鞋匠，通过招聘高素质的员工、提供优质的服务，赢得顾客的满意，从而留住客户。

06

将愿景融入计划

所有菜鸟记者都必须学会在所写报道的第一段回答下列问题：什么人，是什么，以及时间地点。但最有意思的问题向来都是"为什么"。

"讲好故事与做好计划的关键相同。"

就像记者一样，你需要回答一些最基本的问题：是什么，为什么，要多久，什么人以及怎么样。这些问题的具体含义如下：

- 是什么？你的目标是什么？你怎么认定已经实现目标？你的计划会带来什么改变？你应该能够用一句简短的话陈述这个目标。简单的目标给人清晰的感觉，让人能抓住重点。如果你制定 6 个目标，你势必会偏离某些目标去关注其他目标，如此一来，就无法让团队明确优先顺序。

- 为什么？为什么你的计划有相关性，跟谁的需求相关？你的计划要么是解决现存的问题，要么是在探索新的机遇，要么是在支持高层管理者更宏大的计划。理想状态下，这个计划应该与高层领导者和整个组织相关。如果他们目前正在经历痛苦，如果他们看到变化的必要，他们就会给你支持、人手和资金。如果这个计划只解决了你自己面临的挑战，那没有多少人会支持你。

- 要多久？实现你的目标必须有个截止日期：你的目标预计什么时候会实现？在实现目标的过程中有哪些关键节点？这时，你需要画个简单的路径，标出关键的时间节点，告诉你和你的团队到什么时候会出现什么情况，前前后后会发生些什么。正是这个预警系统让你知道你有没有偏离目标。

- 什么人？你的团队需要什么人？在业务的其他方面，你需要什么人的支持，包括予以批准、预算、技术支持等。你需要联合各方力量实现目标：目标越宏大，需要的合作就越强。

- 怎么样？你需要处理的重大风险和问题有哪些？你怎么样应对这些风险和问题？

所有这些问题都需要明确，但是这些问题又往往容易被人忽略。被忽略的结果是，团队热情洋溢地出发，要进行变

革，却很快迷失在沼泽之中，不知道工作的优先顺序和
重点。

"这是因为愿景表达得还不够清楚，你必须
将愿景明确地描述出来，为实现愿景而努力。"

明确你想要什么

　　我们怀揣着改善学生学习表现的计划去走访教育部。我们对自
己的计划非常自信，准备等到改革结果出来之后再接受报酬。换句
话说，如果结果没有改善，我们不打算领取报酬。这个交易对纳税
人来说很划算：纳税人一点风险都没有。这笔交易应该很容易
达成。

　　我们拜访了各级官员，他们向来对新的思想总是保持谨慎。正
因为如此，我当时或许犯了一个错误，说我们只需要他们做两件
事：他们得告诉我们，在他们眼里什么叫成功，他们有多么看重这
样的成功。这样的话，他们就能够确定目标，并决定为结果支付多
少经费。

　　官员们沉默了一会儿。事实表明，尽管他们掌管全国的教育这
么多年，他们根本不知道什么是成功，更别说多么看重成功。他们
知道考试结果很重要，但是说不上来哪些课程的考试结果最重要；
他们知道有必要开设体育、音乐、戏剧课程，培养学生的综合素
质；他们也知道让学生为职业生涯做好准备，培养他们的人际交往
技能、责任感、专业技能等。但是他们根本不知道如何设定清晰的
目标帮助学生完成学业。

续表

这一点就解释了制定教育政策所面临的挑战。如果你不知道成功是什么样子，任何想法既可以是好想法也可以是糟糕的想法，因为一切都取决于你一时的心情。

07

"推销" 你的愿景

要想当领导，你就得学会"推销"。职位越高，你就越像一个推销员。你会发现自己不得不向团队、同事、上司和公司内外的利益相关人"推销"自己的点子、愿景、优先要做的事以及解决方案。因此，

要"推销"你的愿景，有 3 点很关键：

1. 聆听。

2. 做好准备，提出问题。

3. 明确你的愿景。

聆听

我们每个人都有了不起的点子，尤其是跟朋友们在一起喝了几杯酒之后，我们的想法更是接踵而至。到了第二天早上，这些想法大多会烟消云散，就像吸血鬼天亮之后会消失一样。任何一个愿景所面临的第一个考验就是，是否有人相

信并支持。那么你该如何取得团队的支持？

首先，你需要知道所有伟大的领导者和推销大师的秘诀：你需要两只耳朵和一张嘴，你得按照2：1的比例来使用这两种器官，多听少说。说服别人的关键不在于抬高嗓门，而在于明白别人的需求和想法。如果你不知道他们想要什么，你就无法对他们施加影响。你需要从他们的视角看待问题：他们的目标是什么？他们的当务之急是什么？他们面临的问题是什么？他们愿意冒多大的风险？他们的个人计划是什么？

> "知识就是力量：你要获取这些信息，利用这些信息。"

聆听不只是为了获取信息，更是为了建立信任。尘世喧嚣，知音难觅——人们经常感到自己被人忽略。因此，当别人花时间询问你的意见、聆听你的感受时，你的感觉会怎么样？我们通常的反应会是感激、愉悦和放松。之后，我们自然而然会给予回报——对于那些看重我们的人，我们也会看重他们。

从聆听别人到说服别人

专业服务公司的合伙人都很聪明。应该说，是大多数都很聪明。在这些合伙人明亮的闪光当中，有一位合伙人就像微光闪烁的蜡烛一样。她显得一点儿都不合群。她没有一点儿存在感，而且不善言辞。但是客户们很喜欢她，这一点让光芒耀眼的合伙人们恼羞成怒，因为他们为了达到目的，经常会与客户争吵。

续表

> 有一天上午 10 点，我看到她在跟一位客户交流。她似乎听得很投入。下午 2 点，我又从旁边经过，看到她还在那里，还在聆听客户的谈话。下午 6 点，客户笑容满面地出现了。这位客户告诉我，他刚才说服我们的合伙人帮助他的公司开展 3 年的改革计划。最后，他为自己面临的挑战找到了解决之道。
>
> 我目瞪口呆。这位合伙人刚刚达成了一笔为期 3 年的业务，而客户却把这笔业务看作是他自己的成就。我问这位合伙人是如何办到的。她回答说："我只是让他把心里的想法全部倒出来。只有等他把心里的话都掏出来，他才能接受我的思想。当然，等他说完，我就可以完全按照他的需求谈论我的设想。如果你愿意倾听的话，这么做其实很容易。"

做好准备，提出问题

提问的艺术在于用心聆听。与滔滔不绝地演讲相比，提出好的问题其实更难。演讲的时候，你自己掌控一切，你想说什么就说什么。而交谈的时候，你不再掌控一切。跟你交谈的人随时可能提出新的信息、思想或者见解。这就意味着重要的谈话比不重要的谈话更需要准备。

在开始交谈之前，训练有素的谈话人会思考最不想让对方提问的 5 个问题和最不想让对方提到的事项。这些恰恰是你最有可能要面对的问题和事项。如果谈话内容的走向让你感到很意外，那只能说明你还没有做好充足的准备。

好的问题通常是开放式问题。开放式问题可以鼓励对方做出充分的回应。封闭式问题只需要对方回答是或者否。下面的例子可以说明问题。

开放式问题	封闭式问题
你今年的主要目标是什么？	你能完成预算吗？
你觉得这个新想法好在哪里？	你喜欢这个新想法吗？
我们怎样才能负担得起经费？	我们的预算够吗？
我们怎样才能得到 CEO 的支持？	CEO 会支持这件事吗？

封闭式问题很危险。我们有可能得到否定的回答。即便是肯定的回答，你能得到的有用信息也很有限。一旦你得到否定的回答，你就要面临冲突，你必须说服对方你是对的，他是错的。这种争论对谁都没有好处。开放式问题欢迎对话，同时鼓励解决问题。

明确你的愿景

当然，你知道自己的愿景。但是真正的考验是，你是否知道别人为什么愿意跟着你的愿景采取行动。最大的风险在于，你独自沉醉在自己的愿景之中，对其中的风险浑然不知。你需要换个角度，从别人的眼里审视一下。只有知道别人如何评价你的愿景，你才能真正了解自己的愿景。

作为 CEO，你可能对憧憬的新世界充满激情，你要创造一个精简的组织：用行话说就是压缩管理层次，业务外包，离岸外包，最优外包，整编和过程简化。换句话说，就是大幅裁员。显然，你的员工对这个新世界没那么大的热情。即使你已经完成裁员放血工作，剩下的员工很可能会有挫败感，惴惴不安，对未来感到担忧。如果你想确保他们做出业绩，除了裁员之外，你需要为他们描绘一幅未来的愿景，让他们看到希望。

在稍低的领导层级，你可能会构建愿景，改进部门工作。如果你需要其他部门的协助和合作，当别人对你的愿景无动于衷，你不必感到惊讶，因为别的部门有别的需求，他们可能已经在满负荷运转——他们最不希望做的事就是协助别的部门，完成更多工作，因为他们这样做也会冒险，很可能会将自己的本职工作弄得一团糟。

当你评估自己的愿景时，你要问自己下面两个问题：

1. 问题是什么？

2. 回报是什么？

你要解决的问题是什么，是谁的问题？你要解决的问题最好是给大家带来很多痛苦的问题。没有人喜欢痛苦。CEO 们通常把这些问题称作"火坛"。如果发生了火灾，人们希望将其扑灭。CEO 们很乐意制造危机，他们经常会说："如果我们不改革，我们就会被对手或者外国人淘汰。"面临着失业的危险，大多数人都会准备应对，改变工作方式。

如果你要解决的问题没有使人感到痛苦，那么，尽管你的愿景很好，你会发现很难制造一种危机感。因为你的愿景"很好"，但没有"必要"。

第二个问题是："回报是什么？"实现愿景带来的回报越高，人们需要付出的努力就越大，你需要的支持就越多，组织倾注的精力就越多。回报通过定性、定量（非经济的）或者经济指标加以衡量。

定性指标	定量（非经济）指标	经济指标
提振员工士气	年度人员消耗从 23% 降至 10%	年度选人用人成本节约 300 万英镑
提高顾客满意度	货运时间减少 40%	年度销售额增加 2500 万英镑并创造毛利润 500 万英镑

一般来说，大多数组织会觉得经济回报最有诱惑力。每当有人提出问题或者争论，你就可以把经济回报摆出来："你真想为了这点问题放弃 500 万英镑的年度毛利润吗？"没有哪位负责人想给人留下坏的印象，阻止公司每年多挣 500 万英镑。在巨大的回报面前，反对自然会失去效果。相比之下，模糊的承诺"提高顾客满意度"就缺乏说服力。你要明确自己的愿景，这样你才能估计回报的大小。

　　当然，回报需要有可信度。如果你认为可以通过缩短货运时间每年多挣 500 万，那你的想法就需要有关部门的证实。营销和销售部门需要同意缩短货运时间会带来更多客户；运营部需要同意缩短的货运时间是切实可行的；财务部需要同意你的数字没问题。验证你的提议时，不要让专家批准你的整个方案——这样你就会被太多的既得利益绑架。让每位专家只验证与他的部门相关的假设，从而一步一步地完成你的计划。

08

应对战略

作为领导者，有时你必须应对组织的正式战略。第一个挑战就是明白战略是什么。战略这个词的含义已经被大大贬低了。现在，说话人认为重要的东西都可以称为战略，比如战略审查、战略投资、战略竞选等。连战略家们对战略的本质都众说纷纭。在实践中，我们需要关注战略的两种途径：传统途径和现代途径。

"第一个挑战就是明白战略是什么。"

传统战略

传统战略是牛顿的作用力与反作用力构成的世界，其核心在于相信自己能够理性地分析企业，并且为该企业未来该做的事开出处方。

传统战略的优点在于它可以带来规矩，为战略思考提供框架。直觉和本能固然很重要，但也可能带来灾难。只要运用得当，传统战略框架能让你对战略进行明智且条理清晰的讨论。

传统战略的缺点在于这个世界很少遵照战略家们所制定出来的条条框框来运行。未来本身就是一个未知数，我们无法对未来进行深入的分析。在我们试图对未来进行预测时，我们往往会一败涂地。以下便是过去一些对未来的预测：

- 杰出的经济学家欧文·费歇尔在 1929 年预测："股票价格已经达到了看似永远不会跌落的高位"。股市如期崩溃，费歇尔的财富化作了乌有。

- IBM 的创始人托马斯·沃森在 1943 年预测："我认为全世界对计算机的需求量大概只有五台左右"，尽管他确实预测全世界对复印机的需求量有望达到五千台。

- 3M 的创始人罗伯特·梅特卡夫在 1995 年说："我预测互联网很快将成为灿烂的超新星，然后在 1996 年垮掉后成为一场灾难。"

- 路易-让·卢米尔发明了电影，却在 1929 年（不靠谱的预测这一年最多）说："有声电影是很有意思的发明，但我相信它不会流行太久。"

- 英国邮局的威廉·普利斯在 1876 年说道："美国人需

要电报，但是我们不需要，因为我们有的是送信的小邮差。"

· 英国首相张伯伦在 1938 年 9 月 30 日宣布，他已经确保"当代永无战争"，结果不到一年，第二次世界大战爆发。

可以用来协助分析的战略工具和网格不胜枚举。如果运用得当，战略工具可以帮助思考，而不是替代思考。永远不要相信它们的预测力：你自己就可以信心满满地预测未来。

迈克尔·波特被广泛视为传统战略领域的权威。他大学时读的是经济学，1980 年撰写了《竞争战略》，所依据的是他一年前发表在《哈佛商业评论》上对相同话题的论述。这本书是个里程碑，至今仍然影响着管理思考，其本身就值得人们去理解。

在波特看来，竞争战略的基础在于弄明白下列"5 种力量"：

· 直接竞争有限
· 没有简单的替代品
· 新的竞争者不可能出现：成功路上有很大障碍
· 买方势力有限
· 供应方势力有限

简单比较一下我们就能一目了然。如果我想在当地的商业街开一家汉堡店，微软的业务和我的业务前景分别如何？

	微软	乔的汉堡店
直接竞争	历史上很有限——但将来可能会出现	附近就有家麦当劳，还有两家别的汉堡店
替代品	作为操作系统的替代业务？羽毛笔？	附近还有一家披萨店和四家风味餐馆
新的竞争者	新的竞争者很难进入：潜在的客户群面临很高的转换成本和风险	租金低廉，任何人都可以在这里开一家新餐馆
买方势力	弱：买方很难转换	客户可以轻而易举从我身边经过，他们会这样做
供应商势力	最小：对任何供应商的依赖度都很低	我只是特许经营的参与者，我完全依赖供应商（特许经营商）

只需扫一眼这张表就可以发现，我不可能从汉堡店中赚钱，但是微软可以，尽管它有时推出的软件业绩平平，例如 Vista 系统和 Windows 8.0 系统。即便在这种情况下，我们也要使用我们的判断。尽管竞争很激烈，如果你有好的想法依然可以取得成功——在这里，好的想法将你和竞争对手区分开来，让消费者用可以支付得起的价格得到他们想要的产品。

在我家附近的商业街，生意兴旺的麦当劳旁边，另外两家汉堡店的生意也很红火。一家是瞄准高端市场的连锁店，出售"体面的"汉堡。另一家的上司是滚石乐队的比尔·怀曼，店里面摆满了纪念品。比尔·怀曼是个独一无二的卖点，别人永远无法复制。分析结果可能会告诉你很难成功，但是如果你有好的主意，你依然可以取得成功。

"强大的思想每次都会击败枯燥乏味的分析。"

这些分析工具本身就非常危险。如果人人都进行相同的分析，他们就会得出相同答案，干相同的事。这便是竞争性自杀。如果人人都选择同时进入同一个市场，灾难便会接踵而至。如果人人都决定退出某个市场，那么留在这个市场中的人很可能会因为没有竞争而大发横财。

传统战略有许多局限性，人们会因此寻找更好的东西，这便是我们所称的现代战略。

现代战略

人们开始反对波特无休无止的矩阵所构筑的经典世界。反对派的代表人物是普哈拉，继任者则包括他的助手盖瑞·汉默和钱·金等人。这是由《战略意图》（*Strategic Intent*）、《核心能力》（*Core Competence*）和《蓝海战略》（*Blue Oceans*）等一系列论著构筑的世界。这些论著都是畅销作品，过去 20 年里在商业世界刮起了剧烈的风暴。不可避免的是，这些论著都被人严重误读了。例如，人们认为核心能力就是我们自以为能胜任某事。

我们之所以将普哈拉学派称为"现代"战略，只是为了区分波特等人的传统途径。现代战略注重创造性和发现，而不是通过分析来寻求答案。这很契合这个破坏性创新的时代。10 年前，社交意味着出席各种聚会或者跟别人一起喝咖啡。没人听说过脸书（Facebook），没人知道（除了马克·扎克伯格之外）他们会用到脸书。现在，脸书已经成为很多人社交活动的中心。同样，我们以前不知道我们需要快变（Shazam）来告诉我们正在听什么音乐，不知道我们需要声破天（Spotify）播放喜欢的音乐，不知道我们需要整天使用平板电脑。利用传统的战略分析工具无法帮助我们建立脸书、快变或者声破天这类品牌。相反，这些战略分析工具可能会告诉我们别冒这个风险——大型音乐出版商，例如环球唱片在音乐领域显得无比强大；戴尔和惠普在电脑领域显得无比强大，而传统的分析可能不会让三星进入这个领域。但是，是三星，而不是惠普或者戴尔，成功地进入平板电脑领域，跟苹果平分秋色。

那么，你怎样才能增强创造性并形成伟大的思想呢？这里有 5 个思路可供参考。

· 复制别人

很多优秀的企业是依靠复制别人来取得成功的。瑞安航空是欧洲拥有客户最多的航空公司，该公司起步的时候完全照搬了西南航空的模式，走低成本路线，在航空领域提供平价服务。英国最大的毕业生招聘机构"以教为先"受到了"为美国而教"（Teach for America）的启发。苹果公司 2010 年发布的平板电脑系列 iPad 取得了巨大成功。但是，之前的 AT&T（1991）和 Compaq（1993）公司类似的尝试就没这么幸运。

· 解决客户的问题

如果你被什么东西惹恼了，只要你愿意，你可以一直保持恼怒。或者，你也可以解决问题，从中创造财富。"快变"解决了一个人们司空见惯的问题，那就是当我们听到了美妙的音乐，却不知道乐曲的名字，它能帮我们很好地解决。同样，詹姆斯·戴森发现真空吸尘器的清洁效果并不理想，尤其是储尘袋装满之后，这种情况更加常见。在测试 5127 个原型之后，他最终找到了解决方案，凭借这个解决方案他能够取代胡佛牌吸尘器或其他品牌吸尘器，占领主导地位。

· 花一天时间与顾客接触

这是找出如何带来改变的最快途径。如果机组人员不得不像乘客一样忍受安检、办理乘机手续、查验护照和行李托运延迟所带来的不便，那么大家在机场遇到的烦恼将很快成为过去。一家自来水公司坚信本公司提供了优质的客户服务，并且有调查结果证明这一点。然后，我向该公司员工展示了一段视频，由于自来水公司的原因，一位老年客户家中被淹，泪流满面问题却得不到解决。因此，我们要从顾客的角度来看问题，而不仅仅通过顾客满意度调查这样的有色眼镜来看待问题。

· 不断尝试

成功与失败之间的区别在于坚持。你坚持得越久，你就越了解什么行得通什么行不通。我们都知道付费搜索是任何搜索引擎成功的关键，而谷歌从中大获成功。一开始，这一点并不明显。在网络刚开始流行的时期，雅虎（Yahoo!）、麦哲伦（Magellan）、莱科斯（Lycos）、搜信（Infoseek）和Excite 都做了尝试。市场对不同的方法进行了检验。经过不断的检验，最终诞生了一个赢家：谷歌，现在被中国的百度进行了复制。

"成功与失败之间的区别在于坚持。"

· 分析你的方法，取得洞见

在《蓝海战略》中，欧洲工商管理学院（INSEAD）的钱·金提供了一种思路，帮助我们形成创新性的洞见。这种设想很简单：划一条价值曲线，标明你的顾客期待什么，你的竞争对手能够提供什么，然后找到公司的机遇在哪里。我们简单举个例子说明这一点。

一家酒店的简化价值曲线

	顾客的期待	典型的酒店
舒适的床和枕头	√√√√√	√√√
安静的房间	√√√√√	√√√
温馨的餐厅	√√	√√√
漂亮的接待区和热心的接待员	√	√√√√√
健身俱乐部	√	√√√√

　　这个简化的分析显示，你有机会改变游戏规则。在基础设施方面投入更多资金，提供更舒适的床和枕头，保证客户能睡得安稳。避免在顾客并不看重的领域投资，例如健身俱乐部。这个方案已经被全球范围内的平价酒店广泛采用。

　　现代战略为任何具有伟大思想的人提供了希望。但是一家拥有大量资源的大型公司却无法抵挡一家拥有伟大愿景的伟大团队。换句话说，IPA 计划（思想，人，行动）并不尊重权力或者特权。如果你有 IPA，你就能成功。这是经验之谈，不是夸夸其谈。

实力很强但面临挑战的现有公司

现有公司	挑战者公司
英国航空，汉莎航空	瑞安航空，易捷航空
胡佛吸尘器	戴森吸尘器

续表

现有公司	挑战者公司
柯达相机	松下
戴尔，惠普	三星，苹果
英国广播公司	英国天空广播公司

在上表中，似乎每家现有公司都占尽了优势：资金、市场份额以及核心技能。挑战者们相形见绌，任何理性分析都会告诉它们不要与行业巨头竞争——没人会让《圣经》中的大卫对抗歌利亚。但是，在每一个案例中，他们都改变了游戏规则。当游戏规则发生改变，现有的公司就会遭遇困境。如果他们坚持现有的模式，就会给挑战者们留下成长的空间。如果他们改变模式，他们就得放弃现有的特权。例如，如果你是英国航空，眼睁睁看着瑞安航空崛起，你会怎么做？在实践中，现有的公司倾向于坚持久经考验的固有模式，而挑战者公司发现了他们的"蓝海战略"：一个没有竞争的市场，他们可以借机快速增长。

将现代和传统战略结合起来

现代战略和传统战略提供了两种截然不同的方式，帮助我们反思自己的企业。两者都有其自身的价值。一般来说，现代策略更适合新公司和打破传统型的公司，或者希望打破既有业务模式的成熟公司，这么做可能是为了应对挑战他们的新兴公司。

如果你采用传统战略，在做分析的时候不要忘了你的判断。分析只是战略讨论的起点，而不是终点。如果你采用现代战略，不要迷恋自己的愿景，忽略了背后隐藏的问题。有一个人凭借现代战略取得成功，就有一千个人因为采用现代战略而遭遇失败。人们以为他们拥有伟大的想法，但是仍然困在阁楼或者车库中，等待着全世界发现他的聪明才智。

"不要迷恋自己的愿景，忽略了背后隐藏的问题。"

09

战略与不公平竞争的艺术

公平竞争有一个问题，那就是有可能遭遇失败。商界领袖们或许会谈论竞争的重要性，但他们实际上并不喜欢竞争，除非他们完全有把握自己能获胜。获胜的最佳办法就是有可靠的渠道，能够有保障地得到利润。这便是经济学家们所称的"寻租"。经典的寻租者是某个垄断企业，或者某个享有政府特权的公司，比如从政府那里得到补贴、执照或各种许可证。这些特权可以确保公司不必参与太多竞争就能盈利。

不公平的竞争优势

如果你必须参与竞争，那你一定要确保自己具有完全不公平的竞争优势。不公平优势指的是能够赢得高回报而且竞争对手很难跟着你转型。每一家公司都需要一些这类产品或者业务。你需要在某些领域挣得远远超过资金成本的利润。这些额外的回报会帮助你积累未来的投资资金，解决运营和战略错误带来的损失，平衡那些难以达到预期回报的业务。在我们生活的世界上，顾客们希望花更少的钱获取更多的产品和服务，税务部门总是希望分得更多利润，员工希望提高待遇，竞争对手在压低价格、不断创新并提高质量，各种危机和灾难不期而至。在这个世界上，利润会迅速消失。面对这些挑战，"竞争优势"并没有很大优势——你想获得这样一条不公平竞争优势的渠道，但执法者和政客们很快就会盯上你。

> "最终你想获得一个愿景，建立一条不公平
> 竞争优势的渠道。"

以下有一些"不公平"竞争优势的案例，相关企业可以从中获得丰厚的利润：

- 在低成本油田获得石油钻探许可（例如埃克森美孚石油公司、巴西国家石油公司、壳牌公司）。
- 在商业街上占据最佳位置（例如麦当劳、星巴克）。
- 拥有版权、商标或者专利（例如迪士尼和戴森）。
- 第一个进入新市场，自然而然成为行业垄断（例如微软的操作系统、谷歌的付费搜索、SWIFT 的高附加值银行间结算）。
- 建立强大的品牌（例如宝洁、耐克等）。

· 占有独特的资源（英国航空在希斯罗机场的降落时间
表）。

这些都是"不公平"竞争优势的典型案例，这种优势使
得公司在不太注重效率的情况下依然能够坐收丰厚利润。你
可以看看上面提到的公司有哪些属于这种情况。

从理论上讲，我们可能都认为竞争是有利的。从社会和
经济发展的角度看，竞争是有利的。从我们自身生存的角度
看，竞争就不好了。公平竞争的问题在于，你可能会输掉比
赛。在法律允许的范围内，你可以用对你有利的方式掷
骰子。

10

如何评估你的愿景

你怎么知道自己的战略思想一定就是好的点子？你可能没有充足的时间和资源来进行战略分析。但是你需要回应上司、同事、投资者和其他利益相关人员的各种挑战。在他们提问之前，你就应该做好准备：在别人挑战你之前你应该先挑战自己。

你应该应对的挑战主要来自相互交叠的 4 个方面：

1. 财务挑战。

2. 顾客挑战。

3. 竞争挑战。

4. 产品/运营挑战。

财务挑战

你可能已经准备了一份财务报表，报表右下角显示的数字很有吸引力。大家不会相信这个报表，因为大多数财务报表都是从右下角开始计算的——管理者找到人们愿意看到的神奇数字，然后创造出财务报表来达到这个目的。人们不会直接检验你的数字。人们会检验你数字背后的逻辑：

- 你对市场规模、市场增长率和市场占有率的估计是否正确？
- 你的定价是否合理，尤其是在竞争对手做出应对之后，这个定价是否可行？
- 你的成本跟有关的基准是否匹配？
- 你的现金流规模和时间周期是否现实，或者说你是否需要追加投资？

这些都是简单而基本的检验。只有当你的想法通过了这些检验，你才能继续考虑更多细节。如果你的计划只能带来基本的经济回报，那你就做好准备迎接挑战吧。财务报表永远比现实更好看。当竞争、顾客和其他没有预料到的因素开始挑战你的计划时，经济回报就显得不堪入目。好的愿景带来的回报会远远超出财务的要求。

顾客挑战

大多数伟大的战略一开始就对顾客有着深刻的理解。谈论"顾客"的时候，你要准确把握顾客的含义。顾客跟市场不同。只要很好地划分市场，你就可以找到商机，并且在生意上取得成功。例如，当我将"激爽"香皂推向市场时，调查显示市场总体上对这款产品不太感兴趣。但是市场上有10%的顾客很感兴趣，这群顾客热爱这款香皂与众不同的外观和香味，愿意花高价购买产品。凭借这一点我们就能取得成功。

> "只要很好地划分市场，你就可以找到商机，
> 并且在生意上取得成功。"

更多的时候，你可能会按照价格来对市场进行划分：高价市场和平价市场。你要问的问题包括：

- 这个愿景真正满足了顾客的需求吗？他们是否做好了付钱的准备？
- 你的价值主张是什么，你如何传达价值主张？
- 你如何将产品送达顾客：销售渠道、配送渠道、媒体和信息渠道分别在哪里？
- 你的顾客是否构成独特的商机或者市场，因而你能精准应对？

要检验这些问题，最好的方法就是跟潜在的客户展开交流。即使你还没有完整的产品和服务向他们展示，你应该能够描述清楚，从而得到反馈。仔细观察顾客的反馈：有的顾客彬彬有礼，所以看似中性的反馈实际上就是负面的反馈。如果你的潜在客户对你的想法开始表现出热情，那你的想法

可能会奏效。感兴趣的顾客会描述他们为何喜欢你的想法，这样你就可以令人信服地向他们传递你的价值主张或信息。

竞争挑战

　　竞争通常很神秘。即使我们知道竞争对手是谁，也很难预测他们会做什么。我们很容易高估或者低估竞争对手的威胁。如果你高估他们的威胁，你可能会选择放弃。如果你低估他们的威胁，你可能会遭受打击。你得问正确的问题，并且尽量回答这些问题。找到了解市场的人，甚至是在竞争对手那里工作过的人，帮助你取得洞见，找到合理的答案。

　　下面这些问题很有帮助：

- 竞争对手容不容易复制你的想法？你具不具备防止别人进入行业的障碍（例如专利权、专营权、强大的品牌、长久的客户等）？
- 你的想法后面还有没有可替代的产品/服务？这些产品/服务具有多大的吸引力，价格如何？
- 对于你要瞄准的顾客群，竞争对手的价格和价值如何？
- 对你的愿景，竞争对手可能如何应对：例如在价格、产品、促销等方面如何应对？

产品/运营挑战

这是你要面临的最后一道现实检验。你能否以适当的成本，在合适的时间和地点交付产品、服务或者思想？你是否具备合适的团队保证你取得成功，或者你还在努力物色合适的人选？一般来说，风险投资家既看重愿景，又看重人。在公司内部也是这样——伟大的管理者们得到的支持比伟大的愿景得到的支持更大。这就意味着，你需要组建优秀的团队，保证你能得到公司内外有影响力的人支持。充分利用上司的支持，需要的时候向有影响力的人求助。

"风险投资家既看重愿景，又看重人。"

第二篇

人：让人际关系网发挥作用

导　论

　　领导学领域很多内容都是基于一个思想：将领导者视为英雄。渴望名声的 CEO 们喜欢写下自私自利的自传。在演讲界，也充斥着这种个人主义的作风，领导者们喜欢分享他们"具有启发性"的个人经历。这种做法会产生误导，对人们毫无益处。之所以如此，是因为我们大多数人并非英雄，而且永远无法成为英雄。即使成吉思汗和纳尔逊·曼德拉是正确的榜样，我们也很难复制他们的成就。幸运的是，我们不需要复制他们，我们不需要成为英雄。

　　优秀的领导者甚至不会凭借一己之力成就事业，即使是成吉思汗或者纳尔逊·曼德拉也不会。他们身边汇聚了大量杰出人才。优秀的领导者拥有优秀的团队。这又引发了一个关于领导者们做些什么的问题：如果他们拥有优秀的团队，那领导者的存在还有什么意义呢？尽管这个问题很简单，CEO 们却很难回答——他们知道自己的职务（CEO），但是他们并不一定清楚自己应该扮演什么角色。

本书的第二篇告诉你如何建立和领导团队，将愿景变成现实。建立和领导团队的艺术包括选人、招聘、培训、激励团队和绩效管理。这是每个领导者必须学会的核心技能。

如果你已经建立了优秀的团队，你让他们做什么他们都心甘情愿，那么你只剩下一个挑战：你的角色是什么？如果你的团队这么优秀，那还有你什么事？你肯定不想将谜底留到最后。回答了这个问题，你就能弄清楚自己需要做什么，需要建立什么样的团队。本书的这一部分将帮你解开这个谜底。

11

找准自己的角色

你的领导职位越高，你的角色就越微妙。如果你的职位是个初级销售员，你很清楚自己该干什么。你必须完成销售目标。当你走上管理岗位，你会发现视野变得模糊。作为管理者，你有不同的目标。很明显，你无法独自完成所有目标。这就意味着，为了实现这些目标，你需要组建团队。然而，如果你拥有优秀的团队，将结果呈现在你面前，那你如何增加它的价值，你的工作有何意义？

我们可以举美国前总统罗纳德·里根的例子。从声誉方面讲，他不算努力工作的榜样，至少参照大多数美国总统来讲是这样。他花了很多时间打高尔夫球。因此，你怎么做到一边掌管地球上最强大的国家，赢得冷战，提出里根经济学，进行削减核武器谈判，一边还有时间打高尔夫球？

里根之所以能够做到这一点，是因为他很清楚自己的角色。你不一定会赞成里根或者他的政绩，但是从狭义的角度讲，他基本实现了自己的从政目标。仅凭这一点，他就超越了很多领导者、总统和 CEO。他关注了领导者的 IPA 计划：

- **思想**：他很清楚自己的目标：里根经济学，遏止共产主义威胁。
- **人**：他建立了一个能够将他的思想付诸实践的团队。
- **行动**：他很清楚自己的角色。他是伟大的演说家，他能创造希望和乐观，说服国会支持他的目标。

作为领导者，你需要知道你对团队的价值，知道该做出什么改变。如果你的团队中有人能做你正在做的事，那就交给他们去做。不要做与你的角色不匹配的工作：你没有时间，你的成本太高。这就意味着，你要走出自己的舒适区，不只关注司空见惯的挑战。

　　"作为领导者，你需要知道你对团队的价值，知道该做出什么改变。"

如果你是组织内的中层领导者，你可能会想，你的角色是否跟美国总统的角色一样。宽泛地讲，你的角色的确跟他一样：

- **思想**：清楚自己的目标。
- **人**：建立和管理团队，将思想付诸实践。
- **行动**：创造合适的条件，让你的团队茁壮成长。

一旦知道自己必须做什么，你就能决定团队中的其他成员该做什么。作为领导者，你的关键角色之一就是创造合适的条件，让你的团队取得成功。这就意味着挑选正确的团队，保证合理的预算和资源，保证高级管理层支持你的计划，必要时进行适当的政治干预，分配任务和权限，管理绩效。这些事务只有作为领导者的你才能做得到——总体来说，别的所有事情都可以由你的团队帮你完成。

在这一部分，我们会探索如何通过别人取得成功。在下一部分，我们将讨论如何推动别人采取行动。

12

吸引正确的团队

正确的团队就是梦之队。这个团队能将高山夷为平地，能将危机化作机遇，能将意外变成惊喜。然而，如果你领导的是"二流"团队，那你就得辛苦折腾。每一个挫折都将是一次危机，你会听到各种借口，你会浪费时间解决团队内部的分歧，每次临近截止日期的时候你都会发现自己难以入眠。这时，你可能会悄悄诅咒自己的团队。但是，你真正应该诅咒的是你自己——任何一位领导者应该做的最重要的一项任务就是吸引正确的团队。团队的质量决定了你完成目标的能力。

在实践中，你可以找到很多原因来解释为什么你得到的是"二流"团队而不是"一流"团队。你所继承的团队是好是坏取决于你的前任。如果你很幸运，你会跟随一个优秀领导者的脚步，继承一个优秀的团队。但是，除了像买彩票一样依靠运气之外，你还可以确保自己吸引来正确的团队，以此来增加自己的胜率。

　　"你所继承的团队是好是坏取决于你的前任。"

　　首先，你需要知道什么样的团队是"正确的"团队。正确的团队具备以下 3 个特征：

　　1. 正确的技能。

　　2. 正确的风格。

　　3. 正确的价值观。

　　一般来说，领导者将焦点放在正确的技能上。这样做很危险。正如有一位 CEO 所说的："我发现我雇佣人的时候主要看重他们的技能，解雇人的时候主要是因为他们的价值观有问题。"想想在你工作的地方是哪些人给你带来最大的挑战。你很可能会发现，这些人的技能没问题，但他们的价值观有问题。下面介绍针对这 3 个特征你需要分别考察什么。

正确的技能

　　技能很重要，关于人才争夺战的例子很多。显然，对于有些专业人员和专业技能，你必须支付高额费用。任何必须雇佣律师事务所负责重大清算的人都会明白，好的专业技术人才有多么昂贵。因而，如果你需要技术人才，一定要找到顶尖的人才，准备好支付价钱。

但是多数其他技能正逐渐变成商品。你可以找到很多具有各种 IT 和会计技能的人，而且这些技能越来越容易外包或者离岸外包。至于其他技能，团队成员在工作的过程中可以边做边学。

除非你需要的专业技能非常紧俏，否则供你挑选的人员很可能在技能组合方面大同小异。因此，你需要知道选择人员的方法。

首先，很明显的一点就是看人们在专业技能方面有什么成就。这也会带来同样明显的陷阱。第一，人们会吹嘘自己的成就。在招聘毕业生的时候，我发现他们个个都成就不凡——每个人都声称自己当过志愿者，跑过马拉松，创立过各种各样的协会，建立过自己的企业。尽管他们成绩斐然，尽管他们看起来即将成为千万富翁，但是他们却想当一名实习生。你一定要对实际情况明察秋毫，所谓的成就只能作为参考。

关注成就的第二个挑战是，各家公司一般只看重外部经验，而不看重内部经验：这跟员工们认为别的地方草更绿的道理是一样的。请记住，下雨最多的地方草最绿。在实践中，雇用外部人员很有风险。你不了解他们真正取得了什么成就，也不了解他们为什么要跳槽。所有的新雇人员都会因为工作转换而表现下降，因为换了一个新的角色之后，他们之前依赖的非正式影响力的人际关系网不复存在。即便他们适应了工作转变，很多人依然发现自己难以适应新的组织文化。雇用的岗位级别越高（除了 CEO 之外），这种挑战就越大。如果你从自己的组织内部寻找人才，至少你可能知道哪些人真正做出了成就，他们仍然具备他们的影响力网络，他们会了解企业文化。

"请记住，下雨最多的地方草最绿。"

雇用外部人员的第三个挑战是，你要了解有些人是如何取得成功的。这里有个微妙的平衡：如果成功是在他们的领导下取得的，那么他们到底是属于团队成员还是一个人的乐队？如果他们是团队里的成员，那么他们到底能否带领一个团队？这实际构成了一种潜在的相互矛盾的局面，候选人无论如何也无法获胜。

正确的风格

大多数领导者都明白，你需要各种不同的技能才能取得成功。如果一家大型企业的执行委员会全部由会计、IT 人员或者销售人员构成，你很容易发现这种构成不平衡，他们不可能出色地完成工作。

说到技能，领导者们觉得有必要平衡和融合各种技能。说到风格，很多领导人却避免平衡和融合各种风格——他们想要所有人的风格保持一致。这里所说的平衡风格并不是传统上的保持多样性——保持团队成员在性别、午龄、种族、民族等方面的多样性，或许用左手或右手的习惯值得关注，但在这里并不是我们所关注的重点。很多公司都宣扬他们的多样性，还宣扬他们在全世界都是"一家保持一致的公司"，秉持同样的价值观。换句话说，他们的多样性是肤浅的。你可以是任何年龄、种族、肤色或者宗教信仰，但你必须秉持同样的价值观、信仰和处事方式。

在团队内部，领导者们会犯同样的错误。你愿意雇用像你一样的人——至少你知道如何跟你这种类型的人打交道。例如，请看一下，面对以下这种非此即彼的选择，你在选择团队成员时会怎么办：外向型或内向型；注重细节型或者注重全局型。如果你的团队成员在这些方面的风格组合都一样，那么你的团队会变得像下面这样：

- 纯内向型团队：整个房间会鸦雀无声。
- 纯外向型团队：比黑猩猩开茶话会还热闹。
- 只注重全局的团队：激烈的争论，没有行动。
- 只注重细节的团队：每个人都朝着错误的方向奋力前行。

以下是你建立团队时需要考虑的其他风格平衡：

- 关注任务型对关注人际关系型
- 控制型对授权型
- 喜欢冒险型对规避风险型
- 个人主义型对团队合作型

· 灵活型对固化型

一开始，你可以想想自己在这些方面属于什么风格，在其他方面属于什么风格。然后，考虑一下是团队的其他成员应该与你一样，还是你需要平衡一下自己的风格。

不可避免的是，与跟你的风格不一致的人一起工作难度更大。你们需要时间彼此了解。但是，这样的团队更富有创造性。你将不同的观点和不同的优势融入了团队，你们可能会相互学习、相互借鉴，从而实现愿景。

对于什么样的团队平衡算是"正确的"平衡，没有统一的模式可循——你必须做出判断。这就是为什么领导是一门艺术，机器人很难模仿。

正确的价值观

你可以传授技能，但你无法传授价值观。原则上，与雇用具有正确技能的人相比，雇用具有正确价值观的人，更容易让你成功。大都会人寿保险公司就是一个典型的例子。该公司每年招聘超过 5000 名销售人员。超过 80% 的雇员在 4 年内会离职。相对于每位销售人员 30000 美元的雇用和培训成本，这个回报真的很低。这家公司随后在常规的选人过程中增加了一项乐观度测试。结果发现，最乐观的候选人比他们的同事销售额超出 88%。即便未能通过常规选拔的乐观主义者（但是他们仍被雇用，用来测试乐观的力量）的销售额也比通过了常规选拔的悲观主义者超出 57%。大都会人寿对招聘做出了相应的更改。这些结果被房地产业、汽车业、办公产品行业和银行业广泛复制。

"你可以传授技能，但你不能传授价值观。"

在风格方面，你可以不做评判：不同的风格适用于不同的情况。在价值观方面，你应该做出判断。有积极的价值观，也有消极的价值观。请看看下面这些截然不同的价值观：

- 勤奋或者无所事事
- 诚实或者不诚实
- 乐观或者悲观
- 乐于助人或者自私自利
- 坦率或者阴险
- 可靠或者马虎

我们所有人都要与持有不同价值观的上司和同事共事。这么做并不值得。你应该弄清想要的价值观和不想要的价值观。然后雇用具有你想要的价值观的人员。

"你应该弄清想要的价值观和不想要的价值观。"

一旦知道你想雇用谁，你就要找到雇用他们的方法。这一点说起来容易做起来难。如果你要雇用的是正确的人选，这样的人很可能非常紧俏。他们现有的上司不想失去他们，同时有很多人向他们伸出橄榄枝。因此，为什么他们选择跟你干呢？

招聘的时候，你实际上是在推销：你推销的是一个角色，你也在推销你自己。我们已经看到，说服工作的起点是聆听。如果你有疑问，就让人们谈论他们感兴趣的话题：谈论他们自己。满足他们诉说的欲望，不管这样做多么痛苦。通过聆听他们的倾诉，你可以明白他们的动力，明白他们为什么想在事业上更进一步，他们目前面临什么挫折，他们喜欢什么，不喜欢什么。这可能需要投入大量的时间和精力。但是对于上司来说，这么做会带来巨大的回报。他们在为你提供你需要的推销词。一旦你了解他们，你就可以用他们希望听到的方式推介这个角色。你也可以用他们希望的方式推介你自己。

这里一个关键的陷阱是在薪酬协商中陷入僵局。如果候选人主要是受金钱驱使，那么你可能要问他们是否具备你期待的价值观。你可能还要问他们是否有好的判断力。我遇到过一些毕业生要求将起薪增加 5% ~ 10%。如果他们争论的是如何能将工资翻 10 倍——也就是谈论他们想要什么样的职业，为了取得成功他们需要学习什么、做些什么，我会对他们有一个更好的印象。

即使到了职业生涯中期，高级管理者们依然还有 20 年的工作时间——帮助他们在短期内找到有回报的工作并在长期内拥有成功的职业，这比讨论起薪更有意义。请记住，任何一个像这样的特例都会进入公众的视野，剩下的所有团队成员会争相效仿。混乱和仇恨会接踵而至。

13

激励你的团队：理论

丘吉尔将苏联描述成一个"谜"，用他的话来形容就是："这个谜被包裹在一个神秘物体之中，而这个神秘物体又被包裹在一个谜团之中。"这句话不仅适用于苏联，也适用于人性。在过去 100 年中，数以万计的心理学家共同努力，却没有让人们变得更加幸福或者更加积极。他们的研究表明，我们比想象得更加糟糕。压力、缺乏自信、抑郁和各种各样的精神问题四处蔓延。

所有的领导者都需要解决这个谜中之谜。领导者必须在心理学家跌倒的地方爬起来——你的谜题是找到激励团队的方法。这是你激发团队潜力、提升业绩的关键。没有被激励的团队对你来说毫无用处。

为了解决这个问题，请看下面的 3 条途径：

1. 与激励有关的 3 个实践理论。

2. 领导者如何将理论付诸实践。

3. 激励和真相时刻。

在我们踏上探索激励的旅程之前，有必要弄清楚激励是什么，激励不是什么。这会帮助我们找到正确的答案。

激励不是鼓舞。关于鼓舞型的领导者已经有太多的探讨。有一些领导者属于鼓舞人的类型，但是我们大多数人不是天生就会鼓舞人。我们可以做一些基本的事情来激励别人。如果我们能将基本的事情做好，我们甚至能鼓舞别人。但是，如果我们踏上征程，寻找鼓舞别人的方法，我们可能会遇到身着白色西装的人站在台上挥舞双臂，而台下的观众人山人海、群情激奋。有了这种气势，演讲者能够鼓舞别人，推销保险，甚至传播宗教。然而，要想在接下来的几个星期、几个月甚至是几年里延续这种激励，那就需要一种不同的艺术形式。

> "要想在接下来的几个星期、几个月甚至是
> 几年里延续这种激励，那就需要一种不同的艺术
> 形式。"

与激励有关的实践理论：第一部分

让我们从一个简单的选择开始。假设你是一个崭露头角的领导者，你热爱工作、兢兢业业，你生来就是为了工作并走上领导岗位，而且你对事业全神贯注。观察你的周围，不

光看你的同事，还要看看单位里各个不同层级的人，但如果他们的态度都跟你一样，请选择 Y。如果你觉得人们基本上厌恶工作，十分懒惰，工作只是为了生存，对工作没有感情，请选择 X。

显然，你如何激励别人取决于你觉得他们属于 X 类型还是 Y 类型。可能你周围这两种人兼而有之。

让我们从 X 类型的人说起。在完美的世界里，你能将他们转变成幸福、充满激情的 Y 型人，但只有等我们死了，才能进入完美的世界。与此同时，我们必须与 X 型人打交道。传统上，对待 X 型人采取的应对措施是严格管控、严密监视、最小授权、赏罚分明。仍然有很多上司认为自己的手下都是 X 型的人。他们的控制欲很强，要求严苛。为他们工作毫无乐趣可言，但他们能够在职业生涯中成功地爬上更高的岗位。

对 Y 型的人可以采取不同的管理方法。他们值得信任，工作兢兢业业，为人可靠。对他们我们不能严加管控，而应该给予信任、赋予权力。

有关 X 和 Y 这两种类型的探讨是基于麦格雷戈（McGregor）的著作《企业的人性方面》（*The Human Side of Enterprise*，1960）。这是描述不同类型激励方法的经典著作。现在，我们所处的世界正在从 X 型向 Y 型转变。由愤世嫉俗、不值得信任的 X 型人构成的世界可能是 19 世纪血汗工厂的典型案例，那个时候工人们没有受到多少教育，干的是体力劳动而不是脑力劳动。上司就是上司，工人就是工人。

有些情况下，工人们起来反抗，他们受到专横的政府而不是残暴的资本家的剥削。在西方国家，工人们接受了更多的教育。因此，现在我们看到更多与 Y 理论有关的世界。在这个世界里，工人们在办公室里从事脑力劳动。我们不仅需要服从，而且需要投入。在越来越纷繁复杂的现代工作中，我们需要利用员工的聪明才智。

"对工人有效的理论对领导者来说也有效。"

麦格雷戈关注的是工人。但是对工人有效的理论对领导者来说也有效。尽管世界可能正从 X 型向 Y 型转变，很多管理者感觉他们更容易接受 X 型的模式。请看下表中两种类型的管理模式，确定你自己使用的是哪一种。并且，请确定你愿意跟着哪一种上司工作。

管理类型

管理标准	X 型管理者	Y 型管理者
权力基础	正式权力	权力和尊重
控制重点	过程遵从	结果、成就
沟通风格	单向：发布命令、遵照执行	双向：说明并倾听
成功标准	不犯错误	实现目标
注重细节	高	中等
对模糊性的容忍	最低	中等

续表

管理标准	X 型管理者	Y 型管理者
政治能力	中等	高
喜欢的结构	等级结构	网络结构

很多人本能地倾向于更具鼓舞性的 Y 型领导者。这两种类型的领导者我都遇到过。Y 型领导者的要求更高。他们可能会原谅偶尔出现的错误，但是总体来说他们的期待更高。X 类型的领导者非常残忍、令人讨厌，他们算不上合格的管理者。然而，在他们手下工作却十分简单，你只需要不惹麻烦，告诉你干什么你就干什么，只需一味保持忠诚和驯服。他期待的是服从，而不是投入。Y 类型的领导者期待的是投入，只要你能帮助他实现目标，偶尔不服从他的管理他也能容忍。

令人惊讶的是，在正确的环境下，两种类型的领导者都能取得成功。X 类型的领导者在典型的官僚机构里能够取得成功，这种机构重点在于避免犯错、保持可预见性和可控性。外包业务公司、保险公司和公共部门的大部分机构都适合这种管理风格。

在需要变革的组织，需要适应不同的、不确定的顾客以及竞争压力的组织，Y 型领导者的管理风格更加适合。Y 型领导者更适合创新性组织、企业组织和专业服务公司。Y 型领导者在 X 型的工作环境中无法生存，反之亦然。你得找到适合自己管理风格的工作环境。

与激励有关的实践理论：第二部分

与麦格雷戈的 X 型和 Y 型理论相呼应的是赫兹伯格的双因素激励理论。赫兹伯格认为，作为领导者，你可以通过两种方法激励下属。请在下面的选项中选出你认为适合你的组织的方法。

选项一

保证每个人都拥有应得的地位、职务、待遇和工作环境。对于业绩，要支付报酬；对于业绩突出的人，要额外支付奖金。通过小时制、假期工作制、弹性工作时间制和家庭友好型工作政策等一系列工作制度在工人中间创造平衡。这就是经典的理性管理方法，也是公共部门的工会经常与雇主谈判的内容。

选项一的问题在于，按照这种方法管理，这种单调的工作永无止境。一旦有人涨了工资或者拿了奖金，他们就希望缩短工作时间。赫兹伯格将这种现象称作"保健因素"（hygiene factors）。在实践中，这种方法不仅难以激励员工，反而会让员工失去动力。低薪酬和待遇无法激励员工，但是仅凭高薪酬和待遇也不足以产生耀眼的业绩。

尽管如此，很多组织仍然使用薪酬和奖金作为管理和激励的主要手段。讨论薪酬听起来像是管理工作的内容：高管们围坐在会议桌边，讨论人员问题（看起来很像管理工作的内容）、绩效问题（看起来很像管理工作的内容）并做出与薪酬（看起来很像管理工作的内容）有关的决定（看起来很像管理工作的内容）。在让人汗流浃背的会议室里，关起门来激烈地唇枪舌战几个小时之后，这些管理者们成功地让每个员工怒不可遏。一位业绩突出的证券交易员得到 10 万英镑奖金，然而，当他得知有一位同行得到了 12 万英镑奖金时，他当即提出辞职（这时，奖金已经存进他们的银行账户）。从公司的角度来看，奖金（从理论上而非实践上）衡量了个体的贡献大小。从个体的角度来看，奖金衡量的是他们相对于同行的价值。没有人希望被人告知，他们比别人的价值小，尤其是对那些个人观念很强的证券交易员和基金经理来说，情况尤其如此。

> "没有人希望被人告知，他们比别人的价值小。"

选项二

注重工作带来的内在回报、认可和价值，营造一种团队意识和归属感。这样做能以极低的成本赢得极高的成果。很多职业（例如军人、教师和学者）薪酬很低，但依然能吸引优秀的人才并取得卓越的成果。一些最优秀最聪明的毕业生，宁愿接受极低的待遇，去给政治家当调查员，或者到国际拍卖行工作。

在这两个选项中间做出选择时，我们就涉及当前很多问题的核心，包括工作压力、员工保护以及政策规定。目前人们普遍认为员工需要得到有关规定的保护，以免在市场中受到不利因素的影响。弹性工作时间、家庭友好型政策以及缩短工作天数都是这种潮流的例子。有一些人反对这种潮流。公共部门在工作时间、弹性工作时间以及家庭友好型政策方面树立了优秀的典范。与此同时，公共部门面临的缺勤、病假和与工作压力有关的投诉也最严重。关注选项一可能很重要，但是对于公共部门，这样做明显不足以激励员工。

相反，有一点很明确，很多人乐于从事看起来压力很大的职业。现代职业，从会计到律师，从咨询师到金融师，都要求新毕业的学生参加难以忍受的实习。尽管如此，他们仍然渴求得到职位。这就是典型的"选项二"类型的职业：工作时间可能很变态，要求也高得无法再高，但是机会也很多。如果人们在组织中看到他们的付出很值得，很有前途，他们能够在一定程度上掌控自己的未来，这足以弥补现场无人指导的遗憾。相反，一个人在组织中承受重压（多半是公共部门），职业前途渺茫，自我掌控有限，唯一的激励来源是"选项一"中的类型：更高的薪酬，较低的要求。这样很容易滋生罢工和冲突。

对于领导者来说，"选项一"和"选项二"之间的差别很重要。对所有的领导者来说，很容易选择"选项一"：支付更高的薪酬，降低工作要求。这样做，一旦奖金进了银行账户，激励的效果随之结束。"选项二"是一条艰难的道路，但是激励的效果更持久：这个选项让员工的工作变得更有意义，并能营造一种归属感、机会和认可，更可能达到激励的效果。刻薄的人可能会辩解说，你这样做是在更残酷地剥削别人——用较低的薪酬换取更多的工作。

"营造一种归宿感、机会和认可。"

作为组织内的中层领导者，对于"选项一"你无权做出多少改变。你必须充分利用组织为你所提供的资源。你必须利用"选项二"中的激励技能。

"以教为先"：提供激励性职位

对优秀毕业生而言，乍一看，"以教为先"的岗位可能最缺乏吸引力。"以教为先"要求他们在英国最不具备竞争力的学校从教两年，这些学校聚集了最缺乏优势的学生。他们还要接受为期6周的培训，也就是说，他们必须放弃毕业之后的假期。与一流的咨询公司相比，他们得到的薪酬只有这些咨询公司的一半。"以教为先"没有大型招聘单位的优势，只是一家初创组织，没多少人听说过它。而且，它是一家慈善机构，预算少得可怜。

在第一年里，牛津大学和帝国理工大学应届毕业生中有5%报名应聘。当时，这些大学还没有毕业生在这样的学校中任教。从2014年开始，"以教为先"已经成为英国最大的毕业生招聘机构。而且，尽管面临巨大的压力和日常工作中的挑战，却很少有人中途退出，新聘教师的工作热情很高。

续表

为什么成绩优秀的毕业生宁愿放弃高薪职位，参加这样的项目？为什么他们在意识到这些学校存在的现实挑战之后仍然热情不减？

可喜的是，这些毕业生有优秀的社会价值观。"以教为先"为他们提供了一个平台，让他们能够奉献一己之力。但是，这一点还远远不够。他们不仅有爱心，同样有头脑。"以教为先"的初衷是将毕业生锻造成未来的领导者。该项目向他们提供核心领导技能（包括激励他人，影响他人，应对冲突，逆境求生）的实践经验，这比任何坐在电脑前的工作所能提供的实践经验都更加丰富。从事债券交易或者撰写报告得到的薪酬可能更高，但是两年之后，与薪酬更高、被捆绑在电脑前面的苦工们相比，"以教为先"的参与者们领导技能会得到更大的提升。

为了让这一承诺变成现实，众多顶级的招聘单位，包括咨询、投资银行和法律领域内的企业都为"以教为先"提供了支持。参与者们没有得到高额薪酬，也没有享受假期。按照赫兹伯格的"选项一"来评判："薪酬很高，要求很低"，那么他们的表现很糟糕。但是如果根据"选项二"来评判，那么他们的表现很优秀：他们的工作很有意义，他们有真正的前途，他们备受认可，他们有高度自主权，他们承担责任。"选项二"对雇主和雇员都很艰难。但是，它能带来令人惊奇的结果。

与激励有关的实践理论：第三部分

现实生活远比翻转硬币或者在 X 和 Y 之间做出选择更加复杂。不同的人在不同的时间有不同的需求。

很早之前，我就学会了一个道理：人们有不同的需求。我曾前往印度寻找启迪。我到达阿富汗时，花光了身上的钱。当时，没有手机为情感空虚的人提供安慰，也没有信用卡为手头拮据的人提供救济。我对启迪的热情陡然下降，对钱的渴望却突然上升。于是我在当地医院卖了血，卖的不是我的灵魂。我得到的是钱，不是启迪，但我对此心存感激。

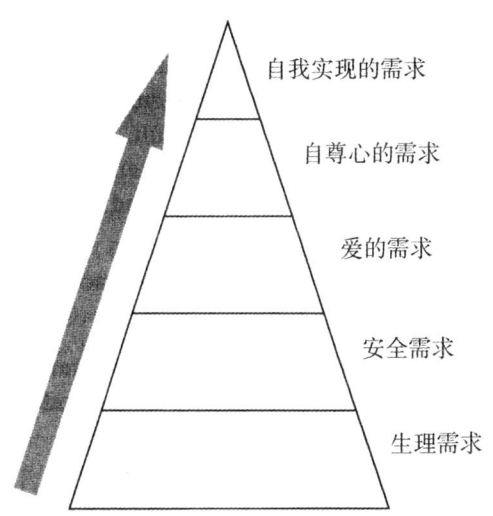

图 13.1　马斯洛的需求层次图

来源：A. H. 马斯洛（1943）"人类动机的理论"，《心理学评论》第 50 卷第 4 期，370-396 页。本图已经不受版权限制。

对于富有和成功的人来说，生存是理所当然的事。很多人通过购买艺术收藏品，向慈善机构捐款，将大学、校园建筑或者院系以自己的名字命名来追求不朽。在大多数情况下，我们中的大多数人处在这两种极端的中间。我们想获得报酬，想获得一种归属感，想让别人认可我们的工作。

或许所有这一切都是很浅显的东西。因而，当我们听到马斯洛的需求层次理论（图 13.1）时，会感到很惊讶。

马斯洛认为，所有人都在不断满足自己的需求。我们希望满足从生存到不朽等不同层次的需求。让我们跟随他一起攀登需求的金字塔，将他的理论移植到领导学中来。

- 生理需求。所谓生理需求指的是人们对食物、水等的需求：没有这些，我们就要忍受饥渴。在雇用关系方面，薪酬和工作环境就相当于食物和水。

- 安全需求。安全需求是一种安全感。这种安全感一部分来自雇主，一部分来自雇员自身，如果你知道你拥有工作所需的技能，你就会有安全感。在最糟糕的情况下，雇员凭借自己的技能另谋高就。

- 爱的需求。在工作中谈情说爱很危险。因此，领导者不要跟下属谈情说爱，但是要保证下属有归属感和集体感，让他们得到信任和尊重。

- 尊重的需求。尊重就是给予个体认可和回报。老话说得好："公开表扬，私下批评。"领导者要保证表扬次数是批评次数的 10 倍。有时，领导者觉得这样做很难。但是，一旦你开始细心观察，你总会发现很多值得表扬和感激的地方。

· 自我实现的需求。自我实现就是取得成就——创造有意义的遗产，赢得别人的认可。

如果你问一个领导者马斯洛的各个层级意味着什么，他可能不清楚。但是有效的领导者本能地理解这个模型，并且加以运用。

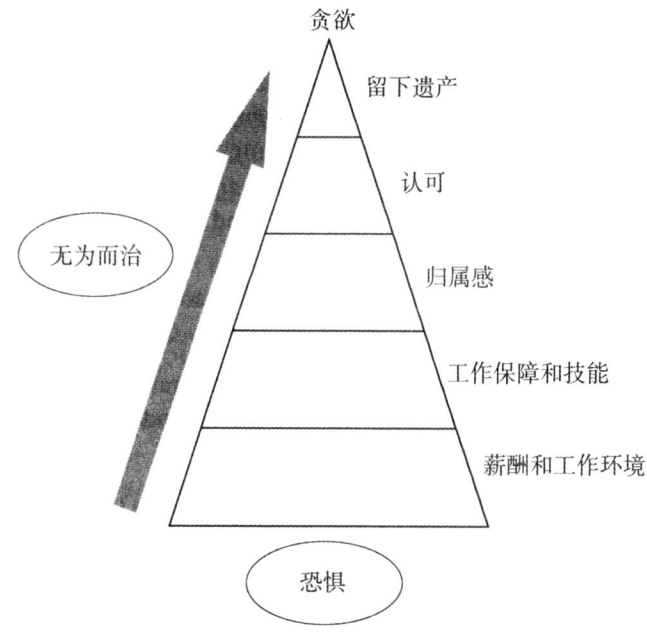

图 13.2　马斯洛的需求层次（在马斯洛理论基础上形成的领导学理论版本，未经授权）

图 13.2 展示了一个改进版的马斯洛需求层次模型，也就是职场需求层次模型，但是这个模型并未得到专家的认可。

每个人都渴望得到更多东西，每个人都有担心的东西。我们担心项目出问题，担心供应商或者某位员工出岔子。我们有时担心失业，有时担心在领导生涯中被同事甩在后面。我们时时刻刻总有事情要担心。

我们总有一些想要的东西。或许，我们中有很多人渴望成为亿万富翁、奥斯卡奖得主、体育明星或者宇航员。有些人想同时得到所有这些。但是这些成就不易取得。我们总是在需要和为了实现这些需要所面临的风险和努力中间做出权衡。我们总喜欢规避风险（我们担心失败），我们喜欢让事情变得更容易，而不是更难。

有些领导者最喜欢使用这个模型中的恐惧部分。喜欢用恐惧来激励下属的领导者总是强调负面信息："如果你不……"或者"这件事你不能搞砸。"短期来看，这么做很有效果。然而最终，人们会精力耗尽、被压力击垮并罢工。与此同时，利用恐惧激励员工的领导者取得了政绩，可能已经爬了上去。在他们的职业生涯中，他们踩着下属的尸体登上权力的顶峰。

有些领导者最喜欢利用贪欲部分。贪婪的对象不仅包括金钱，还包括赢得自尊、得到别人认可和获得不朽的名声。拥有一个教授席位或者一家以你的名字命名的博物馆，可以暂时满足你的贪欲。即便身处职业生涯的顶峰，领导者仍然会渴望得到更多：大多数 CEO 们不仅仅满足于做他们继承的遗产的守护者，他们想创造自己的遗产，他们渴望得到更多的认可。如此一来，就会埋下祸根。对丰功伟业的诱惑可能会导致领导者们偏离自己的责任。

最后，优秀的领导者们可以"无为而治"，具体来说，有两种方式。第一，优秀的领导者不会让下属们的日子更加难过。他们知道自己的需要、努力的方向和实现目标的方法。他们为团队做出安排并提供指导，尽最大努力减小不必要的付出。他们帮助团队扫除政治障碍，使组织的其他部门与他们正在努力实现的目标保持一致。他们帮助下属做好安排，让他们取得成功。第二，优秀的领导者不会干涉团队的运作。他们不会过度管理。他们在团队框架内给成员足够的信任。领导者们冒着无为而治的风险，因为他们放手让团队去做。这对很多领导者来说，是很艰难的一课。

一种流行的领导模式是"走动式管理（MBWA）"。因此，与"走动式管理"相反的管理模式应运而生，即"走开式管理"。对于领导者来说，总是紧张不安——你命令团队做一件事，然后你想看看他们做得怎么样，于是你每隔一段时间将种子扒出来看看生长得怎么样。其实你需要试着放手，在团队需要帮助的时候伸手，但是不要过度干预。最终结果可能不会跟你期待得一模一样，但是他们会得到激励，并且竭尽全力，他们会学会独立自主完成任务，而不是盲目而呆板地服从你的命令。

马斯洛的需求层次理论很复杂。在实践中，领导者无法确定每个员工到底是处于爱的需求阶段还是处于自我实现需求阶段，更不要说弄清楚分别应该采取什么对策。走进董事会会议室，逐个询问董事会成员是否处于"爱的需求"这个层次，得到的结果固然可靠，但是这么做实在不明智，也行不通。更简单的办法是记住三点：恐惧、贪欲和无为而治。

"针对人们的希望采取对策。针对人们的恐惧采取对策。"

针对人们的希望采取对策。针对人们的恐惧采取对策——人道的领导者力求消除风险和恐惧，最终采用"无为而治"。给别人留下发挥的空间：提供清晰的安排和方向。给自己留下空间：不要过度管理。恐惧、贪欲和无为而治不仅对激励他人有用，对"推销"愿景也很有用。如果你的愿景跟别人的希望一致，消除了他们的恐惧，你就很容易得到"我赞同"的回答，他们很可能会说"我赞同"。

领导者们不一定理解或者关注这些理论。领导者们只需要将这些理论付诸实践。

如何激励你的团队

1. 向团队表明，你关心每一位团队成员，并且关心他们的职业生涯

花时间了解他们的希望、恐惧和梦想。适时地利用员工喝咖啡的时间，而不用刻意在办公室正式会议的场合，是了解团队成员的最佳方式。

2. 说"谢谢你"

我们都渴望得到认可：我们想知道我们做的事有意义，想知道我们做得很不错。对员工取得的实实在在的成绩，要发自内心地赞赏。赞赏的时候要具体到人。避免使用造作的"一分钟"管理者赞赏（"噢，你写的电子邮件真不错。"）。

3. 永远不要贬低团队成员

如果你想批评团队成员，批评一定要私下进行，一定要提出建设性的意见。不要像批评孩子一样批评团队成员：像对待合作伙伴一样对待团队成员，跟他们一起找到前进的途径。

4. 适当授权

将有意义的工作授权给团队成员，能够拓展和锤炼他们。当然，除了授权日常的琐事之外，还要将一些有趣的工作授权给团队成员去做。你的期望一定要清晰而且一致。

5. 有明确的愿景

向团队展示你的目标，让每一位团队成员明白如何才能帮你实现目标。让每一个团队成员都有明确的愿景：明确他们的目标，以及如何发展自己的职业。

续表

> 6. 相信团队
>
> 不要过分关注细节管理。要勇敢实施"走开式管理"。
>
> 7. 诚实
>
> 这就意味着对面临困难的团队成员，开展艰难然而有建设性的对话。不要隐藏或者掩盖事实。诚实有助于建立信任和尊重。
>
> 8. 明确你的期望
>
> 要清楚晋升潜力、奖金以及每一件工作的要求。假设你会被误导：人们听到的通常是他们想听到的。所以，让它简单，经常重复，并且始终如一。
>
> 9. 充分沟通
>
> 你有两只耳朵和一张嘴：按照2：1的比例倾听和表达。这样你就会发现团队的情况，团队工作的动力，然后采取相应的对策。
>
> 10. 不要跟下属交朋友
>
> 受到团队成员的尊敬比受他们喜爱更好：信任经得起时间的考验，而受人欢迎变幻无常，经常导致你软弱地做出让步。如果你的团队成员们信任并尊重你，他们就会愿意为你工作。

14

激励你的团队：实践

我们已经探讨过了领导学的有关理论。现在，我们可以看看领导者们对人性的说法。

首先，通过对 1000 多位在职和崭露头角的领导者进行调查，我们发现领导者最受推崇的素质就是激励他人的能力。当被问及他们对自己的领导者的激励能力是否满意时，我们发现领导者们在激励能力方面存在很大差距。尽管激励能力被看作领导者最重要的特征，只有 37% 的受访者表示，他们对自己领导的激励能力感到满意。很明显，很多领导者在这方面做得不够，不过，这正好是你的机会。

"如果你能激励你的团队，你就会超越你的同事，得到团队的尊重。"

我们做了进一步研究，了解人们对激励能力有什么样的期待，然后考察在具体情况下领导者们的表现。

我们让大家说出激励过他们的领导者和没有激励过他们的领导者。以下是他们对上司的期待：

- 我的上司对我和我的职业生涯很关心。
- 我信任我的上司：他（她）对我很诚实。
- 我知道我们的目标，并且知道如何实现目标。
- 我做的工作很有意义。
- 我的贡献得到了认可。

我们将会逐一考察以上内容。但是首先让我们看看上面缺了什么：

- 薪酬。说到薪酬，人们总将其视作消极因素，而不是激励因素。如果你支付的薪酬不合理，你就会释放一个信号，要么是你的承诺不值得信任，要么是与他们的同事相比，你并没有足够重视他们。无论是这两种情况中的哪一种，你都会破坏下属对你的信任，你会丧失作为一个领导者的可信性。
- 家庭友好型工作时间，更短的工作时间，弹性工作时间和工作环境。受访者们根本没有考虑到这些因素。决心走领导之路的人已经下定决心做出自我牺牲，他们很擅长将自己与外界隔离开来。在职业环境中，他们不会展示个人的情感。如果他们有疑问，他们会埋在心底，直到他们决定离开。

再看一看下属对领导者激励能力的各种期待。这些期待很简单。领导别人没有什么"暗黑艺术"。善待下属，将下属当人看待，你就很可能会得到他们的回应。我们将逐一考察这些期待。

我的上司对我和我的职业生涯很关心

等级关系是不平等的关系。你对下属的重要性比下属对你的重要性更大。他们的工作和生活取决于你。而反过来，你的生活只有一部分取决于他们，而且是间接地取决于他们。这也意味着，你可能将较多的精力放在管理上司上，而只有较少的精力放在管理下属上。很多人对上司的了解超过了对下属的了解。

作为下属，如果你的上司明显对你的职业生涯漠不关心，你会感到很沮丧。你意识到你在他们的职业中只是一枚随时可以弃之不用的棋子。那么你为什么要信任一位对你的职业生涯毫无兴趣的上司呢？

一般来说，领导者和下属之间存在着一种心照不宣的契约，这种契约比任何工作描述都更加重要。这种契约规定：下属要尽力支持领导者，领导者要负责下属的薪酬、晋升和工作分工。如果领导者不愿意或者没有能力履行合同的义务，下属就没有动力跟着上司。

有些领导者会明确说明这种契约的内容。与此同时，他们要求下属对他们保持绝对的忠诚。他们创造一片个人的领地。在晋升和奖金讨论会上，他们会竭尽全力实现自己的承诺，为团队成员争取利益。这样做的结果会导致组织功能紊乱：组织中间会出现权力寡头，他们拥有自己的团队，依仗自己的团队成员，按照自己的规则行事。这种团队对维护他们的领导者表示出绝对忠诚。这种团队成了帮派：关注内部利益，提出过分要求，与组织中的其他部门孤立开来。

作为上司，要想关注每一位团队成员，最简单的办法就是充分利用一个大家早已司空见惯的重要工具：聆听。了解他们的希望和恐惧，了解他们能做什么不能做什么，了解他们期待什么样的工作方式，了解他们期望取得的成就。然后，你可以尊重他们的需要，跟他们谈工作安排、业绩和期望。这样，你就会实现一个重要的转变：你可以从管理目标转变成管理团队。作为领导者，你很容易认为管理目标就是管理团队。实际上，这两种管理截然不同。

关心团队成员不是说要取悦他们或者在他们面前表现得很软弱。如果你真关心他们，你会就期待（工作负荷、奖金和晋升机会）和业绩等问题尽早与他们展开对话，并且解决一些尴尬问题。开展这些对话的时间越早，就越容易找到建设性的意见和对策。这种交谈不一定会让你受到欢迎，但是会极大地帮助你建立信任和尊重。

"信任和尊重远比受人欢迎重要。"

你花时间聆听和了解每一位团队成员，就能够在同事中间获得领先优势。大家会觉得你是个值得追随的好上司。

我信任我的上司：他（她）对我很诚实

"诚实"和"商业"这两个词一般不会同时出现在媒体上。但是我采访的所有领导者，包括投资银行业的领导者们都一致强调诚实的重要性。他们这样说不是为了名誉，不是因为道德要求，更不是为了让地球变得更加美好。他们这么说主要是因为现实情况就是这样。

下属们想知道他们的处境。如果他们辛辛苦苦工作一年，觉得自己表现很好，而上司在年度总结会上给他们排名很差，就会带来灾难性的后果。这位上司不诚实。不诚实不是说对员工说谎，而是没有在第一时间告诉员工全部真相，包括令人不快的真相。

说到底，诚实跟信任有关——如果你不信任某人，你就很难把他们当作领导者，为他们工作。

我知道我们的目标，并且知道如何实现目标

有时候，目标也被称作"愿景"。但是"愿景"这个词太过宏大：听起来似乎跟摩西、马丁·路德·金和甘地有某种联系。其实愿景没有那么复杂。愿景就是你的 IPA 计划，

用故事的形式呈现。对于团队在未来三个月的项目中要实现的目标，做一个简单的说明。让你的团队清楚在接下来的半年里他们每个人需要提高哪些技能，需要采取哪些行动来提高这些技能。向团队展示未来一到三年你的事业将会发展到什么阶段。这是你需要做的，团队需要明确的目标、框架和方向，你要为他们一一指明。换句话说，如果人们不清楚他们的目标以及实现目标的途径，他们很快就会意志消沉。

"团队需要明确的目标、框架和方向，你要为他们一一指明。"

我做的工作很有意义

不是每个人都能一直从事激动人心、责任重大的工作。有些工作单调乏味、压力巨大而且默默无闻。但是这样的工作也需要有人完成。

修鞋行业或许是最不激动人心的行业。走进修鞋店，你会发现店内的工作环境乏善可陈。有些修鞋店只不过比墙上的洞窟好那么一点儿。与一般的工资相比，修鞋工的工资很低，与银行家们相比，这份工资就像是小费。尽管如此，约翰·廷普森在他的鞋店成功地建立了一支忠诚的工作团队，并且成为受到广泛认可的领导者。他做的众多事情中，有一件事是关注顾客的满意度，不断认可并奖赏优质服务——他的汽车里总是装着奖品。他保证奖赏次数是批评次数的 10 倍。他的员工关注的是为客户带来积极的影响——每一位开心的顾客都可以证明他们的工作很有意义。

在投资银行业，在核对文件方面有很多单调的工作。但是，当你知道一笔价值十亿英镑的交易可能会因为文件中的一点错误而化为泡影，那么人们就不会再感觉到这份工作很单调。在合适的情形下，即便是单调的工作也很有意义。

我的贡献得到了认可

我们可以说得简单一点。如果你的所有努力都得不到承认，你肯定会感到沮丧。你很可能会丧失动力，不愿意继续付出努力。所以，领导者需要认可团队的努力。有些领导者在团队取得成功的时候喜欢将荣誉据为己有；也有些领导者在遇到问题的时候最先走开，将责任归咎于团队成员；还有些领导者自信地承认团队取得的成功。

认可团队取得的成功是有效的方法，原因如下：

· 这表明领导者建立了强大和高效的团队。
· 这能激励团队。

认可团队的形式有很多：可以很简单的在 CEO 面前美言几句，也可以花时间向每一位成员或者向整个团队诚挚地说一声"谢谢你"。认可的方式还包括奖金、通报或者抽一个晚上举行庆祝。加工资是一种效率最低的认可方式，因为在大多数组织中给一部分人加薪，大家不可能全部知道。

15

激励和真相时刻

在任何关系中都有真相时刻，也就是你发现对方本质的时刻。真相时刻随时都可能来临。这时，双方会发现对方是否值得信任。一般来说，这种信任的时刻会以两种方式出现：

1. 回报时间：你能否履行心灵契约？
2. 问题时间：你如何应对尖叫的猴子？

回报时间

作为领导者，你会对下属做出含蓄（有时明确）的承诺，保护他们的利益。如果你不能履行这些承诺，对他们来说，你就是一个失败者，而不是领导者。

我们已经看到，有些领导者如何竭尽全力在晋升和分配奖金方面保护自己的下属。唯团队利益至上的领导者最擅长玩这种游戏。基本上，他操纵整个过程。他制定所有的评价标准，这些标准为自己的下属量身定制，让他们得到高分。任何对他不忠诚的人，不管他多么优秀，都会得到糟糕的评价。然后，他坚持维护自己的评价。与这样的领导者争论是一件非常难的事——他的下属只为他效力，因此没有人持不同意见。唯一的评价标准就是他写给对他不忠的人的糟糕的评价（这些人只能另谋高就）：他说，事实证明，他的评价标准比任何人的评价标准都严格。他兑现了自己对团队的承诺，团队成员则明智地选择对他继续保持忠诚。

其他的承诺也同样重要。我们人类总是相信自己非常可靠，但我们也注意到其他人并不靠谱。那么我们的信念与现实之间为什么会存在一道鸿沟？原因不在于我们做了什么或者没有做成什么，而在于我们说了什么。我们所说的与他人所听到的常常是不同的东西。

建立信任

以前，我曾在沙特阿拉伯首都利雅得干过一份苦差事。项目进展得很顺利，客户想继续开展第二期项目。项目一期结束时，合伙人也希望与客户继续合作。我不想参加这个会议：在很长时间的辛苦工作之后，我已经计划度一个长假。合伙人意识到这一点，但是我能看出，经济利益比个人需要更加重要。真相时刻来临了。客户同意了项目二期，我的心情非常失落。

然后，合伙人对客户说："当然，你不会介意项目二期晚点儿开始，让乔度个假吧？"

续表

> 客户很高兴：突然之间，他不再将我当作苦工，而是将我当人
> 来看（你可以愚弄有些人……）。我跟客户的关系近了一层。更重
> 要的是，我意识到我发现了一位值得信赖的合伙人。在接下来的时
> 间里，我们断断续续地合作了十年之久。

一定要兑现承诺。这就是说，你说话的时候一定要谨慎，因为你的团队成员会听到他们想听的话。当你说"我希望/打算/准备为你们争取晋升/奖金/预算"时，你的团队成员们会听成"我会为你们……"你这含糊的承诺会被他们当作坚决的承诺。如果你无法履行承诺，没有人会听你的借口。按照下属的期望履行承诺意味着你必须很好地管理下属的期望。

> "一定要兑现承诺。这就是说，你说话的时
> 候一定要谨慎。"

问题时间：尖叫的猴子

领导者很容易在这样一个测验中失败。当下属带着问题来找你，你就面临这样的测验。像任何一个优秀的领导者一样，你确保自己能及时出现在他们面前，给他们提供建议。因此，你敞开大门，下属带着问题来找你时你很高兴。如果

他们走出大门时问题得到解决，你会更高兴。祝贺你，这样一来你的测验就失败了。失败了？我不是都做对了吗？你脑子有问题吗？

让我们仔细看看刚才发生的情况，看看为什么裁判要判你失败。

一位员工走进你的办公室。她背上有一只猴子。这只猴子一边尖叫，一边撒野。她需要帮助。于是，你把猴子从她背上拽下来。现在，猴子交到你的手上，她开心的离开了。听到这里，你很高兴。但是又有一位员工走进来。他有两只尖叫的猴子，两个肩膀上各有一只。你又帮他拽掉猴子。这样一来，你的办公室里有三只尖叫的猴子。一天下来，你的办公室里到处都是猴子。你的员工很高兴，但你会很不高兴。

领导者不应该自己来解决每一个问题。因为你已经组建了团队帮你解决问题。你可能是最专业的，但是不要当"更衣室领导"。你需要改善做事的方式，将焦点放在团队面临的更宏观的问题上——确保他们解决的是关键问题，确保你选对了团队，确保你得到正确的支持，取得了正确的进展。

> "只有你逼迫团队成员自己解决问题，他们才能提升技能和信心，成为高效的团队。"

当下属带着猴子走进你的办公室，你可以给他们建议，指导他们如何应对。这一点不可能一蹴而就，要做到这一点很不容易。你需要细心询问，了解他们的问题，同时帮助他们了解自己的问题。短期来看，或许你自己处理问题，把猴子从他们肩膀上拿下来显得更容易。但还是要确保让他们自己能应对猴子。如果你很聪明，你还可以请他们拿走你肩膀上的猴子。这对他们来说，也是学习的机会。一天下来，如果你的办公室里没有尖叫的猴子，你就取得了成功。

　　这种方法的关键在于帮助人们，让他们能独立解决问题，而不是替他们解决问题（即使你知道问题的答案）。如果你帮他们解决所有问题，他们永远无法学会，永远无法成长。他们也无法掌握你的解决方法，进而缺乏承担与信心。指导下属解决问题能帮助他们学习并成长，不论他们找出什么样的解决办法，归根到底是他们自己的办法。当他们能够越来越熟练地解决自己的问题时，他们就会越来越少地依赖你。短期来看，指导他们需要付出很大精力，但长期来看，这种做法会产生很高的回报。

16

适当授权

你每天真正能够投入工作的时间有几个小时？美国劳工统计局估计，办公室职员每天的有效工作时间平均为 2 小时 53 分钟。这可能有些高估，他们在统计时将所有会议时间定为有效工作时间。作为工人，无论我们每天工作多长时间，无论我们的效率有多高，我们的有效工作时间总是有限的。

但是作为领导者，有效工作时间却是无限的。你一天之内可以完成超过 24 个小时的工作量。如果你建立了正确的团队，他们加在一起每天可以为你完成数千小时的工作。你的工作不是依靠自己的力量完成所有工作，而是让你的团队能够完成需要完成的工作。这就意味着你需要正确的团队，并且需要给团队成员授权。

当然，你有很多理由不给团队授权。这里有一些我经常听到的理由：

- 我自己做得更好。
- 我做起来更快。
- 这件事太重要。
- 只有我有相关的技能。

这些借口都需要翻译。经过翻译之后，团队成员听到的是下面的信息：

- 我自己做得更好：我不相信团队能做好。
- 我做起来更快：我不相信团队能很快完成。
- 这件事太重要：交给团队去做我不放心。
- 只有我有相关的技能：我认为我的团队很无能。

授权方面存在欠缺，表明领导者的领导能力欠缺，他不信任自己的团队。如果团队很弱，责任在谁？有时，领导者们应该照照镜子。如果你不信任自己的团队，那你就选错了团队。如果你不授权给团队，你的团队成员就会发现你不信任他们，他们会士气大减。你授权的越少，他们学到的就越少，成长得就越慢。这样就会形成恶性循环，导致你无法授权给他们，因为他们缺乏相应的技能，他们之所以缺乏技能，是因为你不授权给他们。

　　"如果你不授权给团队，你的团队成员就会
发现你不信任他们，他们会士气大减。"

授权给下属的原因在于：

· 你可以集中精力做最有意义的事。

· 你的团队可以学习和成长，变成更强的团队。

· 你承担风险，但他们可能找到比你更好的解决办法。

· 你白天能腾出更多时间，晚上可以睡个好觉。

· 你可以向团队表明你信任他们，从而激励你的团队：信任是双向的。

授权的艺术包括两个方面：授什么权和如何授权。

授什么权

如果你要问"我能授什么权？"，那么，没有多少事情不能授权。相反，如果你问"有哪些方面在任何情况下都不能授权？"这样问会给你带来两个好处：第一，你能明确你的价值在哪里，你真正的角色是什么。这样就能帮助你关注最重要的事务。第二，你能将其他的事务授权给团队。我们之前已经看到，领导者不能授权给下属的事情很少。你不能授权的事务包括评价、协商预算、雇用和解雇团队成员。在必要的时候，你还要亲自实施政治干预，保护和提升你的团队。

除此之外，你还有一件事情不能授权：遇到问题时不要授权下属指责他人，除非你想在团队中间制造出一种相互指责、相互倾轧、背后捅刀的文化。不要玩相互指责的游戏。

了解情况比作出裁判更明智。了解问题出在哪里，原因是什么，继续努力。相互指责关注的是过去，而查明情况着眼的是未来。

"遇到问题时不要授权下属指责他人。"

将重要的任务交给经验不如你丰富的下属，你肯定会为此担心，这很正常。不过，请你想想你自己是如何成长和发展起来的。你之所以取得成功，是因为你经受了挑战，从而提高了自己。面对挑战，大多数的团队成员都会抓住机会展示自己。如果你给予他们适当的支持，他们能成功应对挑战。

请勇敢地授权给团队。

授权的天堂和地狱

天堂

保罗是我见过的最悠闲的领导者之一。但是他很成功，每个人都愿意跟他一起工作。这一点让他的同事们都很恼火，这些同事们工作起来比保罗更卖命，取得的成绩却相形见绌，他们也不像保罗一样受下属欢迎。保罗的秘诀就在于他几乎将所有事务都交给下属去做。他知道自己能在哪方面创造价值：他很擅长向客户推销，他很擅长争取适当的资源和预算。一旦他搞定了客户、团队和预算，他就放手交给团队去做，尽量不去干涉。由于他信任团队的能力，作为回报，团队成员努力工作，取得优异成果。团队成员在这个过程中学习和成长，客户们得到满意的结果，保罗则赢得了奖金。每个人都很开心。

续表

地狱

　　大卫认为他是个优秀的管理者和领导者。他自命不凡，觉得任何人都达不到他的要求。无论谁加入大卫的团队，都无法达到他的期望，尽管有些人在加入他的团队之前和之后都取得了非凡的成绩。

　　造成这种局面的原因是他不信任团队，他尽量不给团队授权。他甚至控制复印机的使用权。当他授权的时候，也只是授权一些常规的低端工作（例如，撰写一些固定格式的报告），偶尔授权一些容易出问题的工作，或者是已经陷入僵局的项目，而接到这样的项目你注定会失败并且把职业生涯搞砸。如此一来，他擅长的是让团队成员背锅。

　　即便是在他真的授权时，他也喜欢牢牢掌控一切。他知道，优秀的管理者应该时刻掌控一切。这意味着经常需要报告，外加经常改变方向。在他的职业生涯中，有一件事让他颇感沮丧：他发现越来越难让出色的人加入他的团队，只好把这种局面归咎于人力资源部的无能。

如何授权

　　要想知道如何授权，你要像记者一样，回答一些最基本的问题。这些问题在"制订计划"那一部分也回答过：是什么，要多久，为什么，什么人以及怎么样。这些问题的具体含义如下：

- 是什么？你的目标是什么？你怎么认定已经实现目标？

- 要多久？在实现目标的过程中有哪些关键节点和控制点，以便我们知道自己没有偏离目标？需要多久检查一次进展？

- 为什么？为什么目标很重要，对谁重要？让团队了解一些来龙去脉，以便他们能够了解挑战在哪里，明确做事的优先顺序。

- 什么人？团队里有些什么人，他们的角色分别是什么？

- 怎么样？我们怎么样开展工作？有哪些阻碍？让你的团队提出问题、探索解决问题的方法。授权应该是一种对话，而不是一种命令。

授权不像发射火箭那么复杂。但是，管理者们很容易告诉下属做什么，然后对他们不管不问。请记住，你的团队成员没有特异功能，他们不知道来龙去脉，不知道你的期望，不知道如何完成任务，还有可能不完全明白你到底想要什么样的结果。你要做好准备，花时间让团队成员明白你想要什么——避免因为误会导致出现差错或者浪费时间。

"你要做好准备，花时间让团队成员明白你想要什么。"

117

你要检查一下团队是否明白你的期望。也就是说，要问他们"你明白吗?"如果他们只是含糊地答一声"明白"，一般来说他们并没有真正弄明白。明白的标准有两个：第一个标准是他们能够复述你的期望。如果他们不明白，复述的过程中你会发现端倪。第二个标准是他们开始提出挑战性的问题，例如目标是什么、如何实现目标以及为什么要实现这个目标等。这就表明，他们听懂了，理解了，尽管他们这时还不一定赞成你的想法。这种积极的回应比什么都不说、什么都不做的消极回应更好。后者意味着他们不同意你的想法或者根本没听明白，但无论是哪一种情况，他们都没有准备好回答你。

17
指导团队提升业绩

指导工作不同于非正式反馈。非正式反馈是领导者和团队成员之间进行的一种典型的互动形式：做出评判、提供支持。指导是一个更长期的过程，旨在实现更长远的进步。

指导并非教练们的专利。每个优秀的领导者都需要发挥团队的最大潜能，这就需要进行一系列的正式和非正式反馈、培训和指导。指导的本质就是帮助员工克服挑战，找到解决办法，并付诸行动。指导并不只是提供解决办法或者反馈意见。当下属找到自己的解决办法时，他对工作会更加投入，他也更有可能采取行动，从中学到东西。对于想避免出现"猴子问题"（上文已经提及，此处不再赘述）的领导者来说，指导是一项重要的工作技能。

> "指导的本质就是帮助员工克服挑战，找到
> 解决办法，并付诸行动。"

指导可以被视为一个事件，也可以被视为一个历程。团队成员来向你寻求帮助，这就是指导事件。而在一年或者更长的时间里帮助这个成员成长、取得进步，就是一个指导历程。指导事件是指导旅程中的一部分。

一个指导事件可以用 5 个"O"来概括：

- 目标（Objectives）
- 概观（Overview）
- 选项（Options）
- 障碍（Obstacles）
- 结果（Outcomes）

这 5 个"O"为有效的指导谈话提供了简单而自然的结构。让我们逐一看一下这 5 个方面：

- 目标。明确你要实现的目标。如果你希望让下属按照某种方式做事，不要让他们猜测你的心思：直接告诉他们。清楚地告诉他们你想解决的问题是什么，这样你会从中受益。当你发现了某个问题的一些症候，你要深入了解问题的根源在哪里，而不只是解决问题的症候。只处理问题的症候而不找出问题的根本原因，就像是用祛痘剂来治疗麻疹一样，治标不治本。
- 概观。让你指导的对象说出他对问题的看法。即使他们的观点很片面，他们也想得到聆听和尊重。然后让他们从别的成员角度看待问题。如果他们抱怨别的部门或者个人的行为，那就让他们从当事人的角度看待问题。当你从不同的角度思考问题时，你就能更好地理解问题，而且很可能是在鼓励他们想出解决办法。

· 选择。要鼓励你的指导对象去思考各种不同的选择：你不想看到"按我说的做，否则行不通"的现象出现。这种现象不会带来进展，反而会制造冲突。避免探讨谁是谁非——这样做是在往后看，而不是往前看。即使未来看起来很黯淡，通常来说，每个人总是可以做一两件事，让团队取得进展，在不稳定的形势下增加一些稳定性。探索可能的选择是寻找可能性（而不是不可能性）的艺术。当指导对象探索各种选择时，你通常会发现这些选择当中蕴藏着明智的解决之道。你可能已经想到这种解决办法，但你可以让指导对象发现它，这样他就有了成就感。

· 障碍。障碍是对现实的检验。在确定行动路线之前，问一个简单的问题："这个过程中有哪些阻碍因素？"你不想看到充满热情的下属遇到第一个障碍就逃之夭夭。帮助他们认清挑战、做好准备、应对挑战。

· 结果。让指导对象总结他们的收获。总结的内容包括他们学到了什么，他们准备采取哪些行动。总结的目的是检查他们理解的情况，帮助指导对象和指导者确定工作要点。

上述几项内容都不像火箭发射那么复杂。为了开展指导性谈话，你不需要参加为期 5 天的培训课程，让自命不凡的培训机构给你颁发培训证书。你只需要了解如何与指导对象开展合情合理的结构化谈话。这 5 个 "O" 为你的指导性谈话提供了简便的框架。当你进行谈话的时候，还要记住另外一个 "O"，即开放式问题（Open questions）。作为指导者，你的目标不是提供答案，而是帮助他人找到答案。他们可能找到比你一开始想到的答案更好的答案。

　　"你只需要了解如何与指导对象开展合情合理的结构化谈话。"

我们已经看到了在说服别人时，与封闭式问题相比，开放式问题的重要性（请参见第 7 章）。开放式问题在对他人进行指导过程中同样重要。开放性的问题没有 "是/否" 这样的答案：这就要求指导对象提供更全面、更深刻的回答。封闭式问题只需要作出 "是/否" 这样的回答，问答双方很快就会陷入僵局。

开放式问题	封闭式问题
他们的反应是什么？	他们同意吗？
他们期待什么？	这就是他们的期待吗？
销售会议进行得怎么样？	客户同意了我们的提议吗？
项目进行得怎么样？	项目完成了吗？

优秀指导者的最后一个秘诀我们之前已经提过多次，这个秘诀跟优秀的领导者和优秀的销售人员的秘诀一样：他们都有两只耳朵和一张嘴，即他们都以2：1的比例进行聆听和表达。你听得越多，可能你做得就越好。

指导下属从失败走向成功

克里斯是英国某郡一个很有前途的板球运动员。有人说他有朝一日能进入国家队。为了增加自己进入国家队的筹码，他决定向本郡的板球高手请教。他们都很乐意帮助克里斯。每个人都提出了自己的建议，从如何握板到如何站位，从如何移动到如何处理不同类型的球，以及如何预判对手的意图。

克里斯得到的建议越多，他的表现越差。他不仅没能进入英格兰国家队，甚至连郡队的位置都难以保住。他的职业生涯面临生死考验。

本郡的一名板球投球手艾德注意到克里斯的情况。艾德的球技很一般，但是他决定帮助克里斯。克里斯的心都要碎了：继续听别人的建议，情况将会变得更糟。

艾德告诉克里斯的第一件事就是让他抛开其他球员的所有建议。"他们并没有告诉你如何成为更好的球员，他们只是告诉了你他们是如何打球的。他们每个人的打球风格都不一样，所以他们的建议相互矛盾。难怪你击球的时候很犹豫，看起来就像马戏团的柔术演员。"

续表

> 艾德终于明白过来。板球高手们根本没有指导他：他们以为自己打球的方法就是唯一的方法。他们没有意识到不同的球手可以有不同的打球方法。在接下来的几个星期里，艾德帮助克里斯重新认识自己的先天优势，并且充分发挥这些优势。由于艾德自己球技平平，他没有向克里斯提出任何技术性的建议，他让克里斯寻找适合自己的方法。在剩下的赛季，克里斯的发挥稳步提升，英格兰国家队的梦想再次变得触手可及。
>
> 作为领导者，我们需要认识到，我们成功的程式并不能放之四海而皆准。取得成功的方法有很多，让你的团队成员发现适合他们的方法，而不要将你的方法强加给他们。

指导历程

大多数的指导模型都会失败，因为他们只是为一次指导事件创造了结构，而没有向前更进一步。这样做或许能够帮助下属迎接一项具体的挑战，但是这还不够。作为一个领导者，如果你只把时间花在帮助别人解决问题上，那么你会遇到下面的问题：

- 你的指导没有系统性，只是应付各种随机出现的问题。

- 你的指导对象在思维方式、业绩或者行为方式上不会得到系统提升。

- 你的指导对象会对你产生依赖，而没有学会独立应对挑战。
- 你只是被动应对各种情况，而没有积极主动的指导计划。

成功的指导关系是基于结构化的过程，包括开始、过程和结束。你开始对任何团队成员进行指导之前，需要跟他们达成一致意见，看他们想从这种指导关系当中得到什么，需要达到什么要求。只有当你知道他们的现状（他们的需求是什么，机会在哪里）和他们的目标（在接下来的一年里他们想如何提高），你才能跟他们达成一致意见。

一旦你设定了明确的目标，你的指导工作就有了明确的目的和方向。你可能会认定，为了达到你们设定的目标，别人是更合适的指导人选——如果目标是帮助某个团队成员更好地了解和管理组织内的政治，而你自己并不是出色的政治家，那么你可以找别人来完成指导工作。

一旦你们就指导历程的目标达成一致，这个过程中的具体指导环节的目标就更容易确定。一般来说，每次指导环节有3个目标：

1. 解决指导对象当前面临的挑战。尽管你制定了全年的计划，你还应该让指导对象提出他们当前关切的问题，即便这些问题与长期目标没有直接关系。

2. 对照年度总目标回顾进展。鼓励指导对象反思，你帮助他们获得了哪些他们需要的技能。让他们从自己擅长和不擅长的技能中学习。

3. 回顾你上次跟他们见面至今，他们在哪些方面做得好，在哪些方面做得不够好。在每一种情况下，找出做得好或者不好的原因。之所以要这么做，原因在于帮助指导对象进行自我指导。大多数指导模型都不全面：它们只关注缺陷。作为领导者，你希望你的团队发现他们做得好的地方，发现他们的长处，发现如何发挥自己的优势。你还想让他们树立起足够的自我意识，知道他们在做什么，知道怎么做，这样他们就能进行自我指导。

大多数的指导模型都只强调上述 3 点中的第 1 点。而领导者和"指导专家"的指导模型的区别就在于第 2 和第 3 点。与传统的指导模型相比，这两点为你提供了更加积极主动的途径，帮助你的团队建立自己的优势。

说到这里，人数不断增长的"指导专家"们可能会怒发冲冠。他们会坚持说只有公正、独立的人才能成为有效的指导者。这纯粹是废话。一个优秀的领导者必须是一个优秀的指导者。好的指导能帮助每一位团队成员取得最佳业绩，还能帮助每一位成员树立对你的信任和信心。通过向他们展示你关心他们，你就建立起他们对你的忠诚和投入，这一点是无价之宝。

"好的指导能帮助每一位团队成员取得最佳业绩。"

18

管理绩效

绩效管理遇到了麻烦。2015 年以来，30 多家大公司（比如美国通用电气公司、埃森哲咨询公司和信诺公司）已经放弃了员工绩效排名。这些公司发现，它们的绩效管理体系不是在管理绩效，而是在跟踪绩效。年度评估体系不再管用，因为 90% 以上的管理人员和员工都不喜欢这种体系。力资源部说该体系未能提供准确信息，它无法很好地解决不断变化的工作性质，因为工作的分工越来越不明确，而且需要越来越多的合作。

幸运的是，本书自 13 年前第一版问世以来就一直为绩效跟踪提出了可替代的办法。该办法可以真正管理好绩效，但包括 3 个阶段：事前管理、事中管理和事后管理。所谓的"事"，可以是一个会议，一个项目或者是一段为期 12 个月的时间。

事前管理：心灵契约

绩效管理始于绩效出现之前。你在管理之前就必须认同绩效的性质。明确是什么、什么人、要多久、怎么样和为什么等有关绩效的几个问题。这个时候你不是在发布命令。对于期待值，双方应该展开对话。你希望在规定的时间内，利用给定的预算，得到一定的结果。你想听到的是，这么做是否可行，你需要提供什么支持，对方希望得到什么回报。这就是你和团队或者团队成员之间形成心灵契约的基础。这种契约可能是非正式的，但是至少这与绩效跟踪系统中的正式要求同样重要。正式的系统是需要遵守的游戏规则，而非正式系统关系到信任。如果你违反非正式的契约，你就会破坏信任。因此，你需要花时间确保心灵契约公平，并且达成一致。如果你只是对下属发号施令，这对他们来说只不过是另外一些要求，如果有必要的话他们只是将其当作儿戏。

"确保心灵契约公平，并且达成一致。"

事中管理：少即是多

我小时候，收到过一个郁金香球茎礼物。我很激动。我决定对球茎进行严格的绩效管理。我每天都要将球茎从土里挖出来至少一次，察看长势如何。然后，我用土把它盖上，施一些有机肥（粪肥）。毫无悬念，它一点儿都没长。有些领导者就用这样的方式进行绩效管理：他们总是在检查团队，然后在上面倒一些管理粪肥。随后，他们琢磨为什么自己的团队失败了。

严格管控会产生两个问题。第一，你管控得越多，你向团队展示的信任就越少。如果你相信别人，他们通常会积极做出回应。我带领一个学校领导团队去参观路虎的生产线。他们很惊讶地发现生产线上的员工没有受到监视。他们在进行自我监视——生产线上的每一个工作站都自豪地展示和讲解了大量的性能数据。如果出现问题，任何一位成员都可以停止整个生产线。这在任何一家现代汽车制造厂都是标准做法。这让团队成员有了高度自治，而很多传统的领导者仍然对此心存担心，竭力避免这么做。

第二个问题是你干预得越多，你造成的额外工作就越多。每一次你要求最新的报告，团队就要花时间去准备，无论你说什么，他们都要有所回应。你每提一个问题，就可能造成更多的工作。你每提一个建议，也会造成更多的工作。控制更多意味着信任更少，士气更低，工作更多。

"你干预得越多，你造成的额外工作就越多。"

你可以尽量减少管控，事先约定关键的日期和重要的时间节点。那就是你需要更新信息的时候。你只需要走一圈，就能知道你的团队成员们是不是正变得焦虑、工作时间是否过长或者有无过度劳累。你会从团队成员或者与团队有关的人员那里听到危险的信号。如果危险正在迫近，你就需要插手干涉，提供帮助，而不是施加管控。

相信你的团队——你能减少工作量，而他们却能取得更多的业绩。成功的绩效管理就在于无为而治。

事后管理：聚焦学习和成长

人们对失败和成功的反应不同：对绩效管理来说，对失败和成功的反应都没有益处。

伴随失败的反应通常是否定，或者是秋后算账，找一个人顶罪。我们还没有完全摆脱中世纪的思维方式，那时候，人们将自然灾害归咎于一个倒霉的老寡妇——她将被视作女巫，被烧死或者头被按进水里溺死。时至今日，我们仍然觉得有必要找个替罪羊，尽管我们不再拿寡妇们来顶罪。秋后算账一点作用都没有——人们学不到什么，而指责的游戏会强化政治斗争和团队分裂的文化氛围。

对成功的反应也没有什么益处。我们倾向于认为成功是自然的——我们都很聪明，因此成功是自然而然的事。成功并不是自然的，成功路上总是遍布荆棘。与平稳运转从不出错的机器相比，危机、混乱和错误更加自然。由于我们将成功看作自然而然的事，我们很少从成功当中汲取经验。

不管是成功还是失败，我们都应该问问原因。这么做的目的不是指责或者褒奖，而是为了学习和成长。

这里的诀窍在于发现自己以及团队成功的原因。一旦弄清楚自己为什么成功，你就能做得更好。即便遭遇挫折，也有一些做对的地方。关注那些正面的东西，并从中学到东西。通过听取汇报来帮助团队学习和成长。养成习惯之后，你的团队的能力就会迅速增长，而你做的便是真正的绩效管理。本书第 43 章将介绍你以及团队如何学会成功。

"诀窍就是发现自己成功的原因。"

从绩效跟踪到绩效管理

评估是企业生活中不可避免的一部分，但评估也暗藏危险。用质量管理专家爱德华兹·戴明的话说："评估系统能提升短期绩效，破坏长期计划，制造恐惧，摧毁团队，造成敌对情绪和政治斗争。"许多公司现在已经意识到自己必须应对这个问题。

要想让评估发挥作用，关键就在于从绩效追踪转变为绩效发展。这个转变很简单，但是功用很大。不再关注成就（这是绩效跟踪的焦点），而是关注发展（这是绩效管理的焦点）。从理论上看，这样做很奇怪，但是在实践中却很简单。下表展示了两种途径的差别，表格中的案例是对一位刚上任 12 个月的管理者做的评估：

一位新管理者的绩效跟踪

	低于平均值	平均值	高于平均值	优秀
团队合作	√			
解决问题		√		
人员管理	√			
战略思维		√		
授权（等）	√			

这个评估结果可能会彻底摧毁该管理者。告诉一个新晋管理者他在大多数方面的表现低于平均值，会导致激烈和敌对的争论。我们总是面临压力，要让人们的评价结果高于平均值。一般来说，80% 以上的员工评价结果都会高于平均值。这在统计学上是不可能的，但是从情感上说，这样做又是必须的。这样做会带来过度的期待。绩效跟踪很少会带来诚实的对话。

现在，请利用发展视角看一下对同样的对象所做的评估结果：

一位新管理者的绩效发展

	初级管理者	成长中的管理者	成熟的管理者	高级管理者
团队合作	√			

续表

	初级 管理者	成长中的 管理者	成熟的 管理者	高级 管理者
解决问题		√		
人员管理	√			
战略思维		√		
授权（等）	√			

这些"√"都出现在相同的打勾框中，但是结果完全不同。你不会引来争论，很可能会引发建设性的对话。初级管理者看到自己在大多数方面被归为"初级管理者"，他一点也不会感到惊讶。而看到自己在个别方面正在成长，他可能会感到惊喜。接下来的对话便是在接下来的一年里如何继续成长和发展。有了这个框架，你可以让每一位员工进行自我评估。这种评估能鼓励反思，通常会比较客观地反映出每个人的表现。

比较激进的一种做法是完全摒弃正式的绩效管理系统，Adobe 公司从 2012 年开始就是这么做的。Adobe 的目标是阻止管理者们躲在技术和表格后面，鼓励他们与每一位员工进行更加频繁和真实的接触。换句话说，该公司的目标是管理绩效，而不仅是追踪绩效。这正是所有优秀的领导者应该做的。

"目标是管理绩效，而不仅是追踪绩效。"

19

应对难以相处的人

当领导就是要发现人的各种本性。有些人领导起来令人心情舒畅，有些人领导起来令人感觉困难重重。不管遇到什么样的人，领导者都要应对。作为领导者，我们要确保建立正确的团队为我们工作。但是，当我们无法保证跟同行在一起工作很愉快时，我们明明知道无法改变他们，却仍然要面对他们。无能的领导者们会抱怨同事很难对付；高效的管理者会找到办法，跟最难相处的同事一起工作。

"高效的管理者会找到办法，跟最难相处的
同事一起工作。"

难以相处的同事有很多类型。每个人都遇到过这种噩梦般的同事。简单地说，大多数难以相处的同事都具有下面这5种特征中的一到两种：

1. 受害者型。经常感叹"我的命真苦！"的人们认为，

135

世界对他们很不公平，他们面对残酷的世界束手无策。

2. 恶棍型。他们善于玩弄权术，总是喜欢打压同事，遇到问题时散布谣言、指责他人，进展顺利时又沽名钓誉。

3. 控制狂型。他们坚信"按我说的做，否则行不通"。经常发现他们用政策规定和程序原则替代判断、团队合作和理智。对他们来说，团队合作就是照他说的做，否则就不是团队合作。

4. 犹豫不决型。他们盲目地等待完美而又没有风险的答案，继而感到惊慌失措，做了决定又朝令夕改。他们通常回避问题，在你最需要他们的时候，他们却不知所踪。

5. 无能型。他们说得漂亮，但是什么都做不了。出现问题的时候，他们会用"我说过、他说过、她说过、他们说过"之类的说辞来混淆视听。

每一个恐怖故事都以其独特而凌乱的方式呈现在人们面前，都需要专门应对。然而，有些原则可以帮助你做出应对，让难以相处的人停止作恶。这些原则是基于一系列理性、情绪和政治手段做出的反应，可以应用于各种难以相处的人。

理性反应：保持对行动的关注

难以相处的人通常喜欢谈论过去（例如哪里出了问题，为什么世界如此不公），谈论不可能的事（这些都是我们的

规则和程序造成的）。这些讨论毫无益处：不要跟他们进行
这样的讨论。而是应该明确你为何要跟他们谈话，你需要采
取什么样的行动。在谈论的过程中，难以相处的人可能会反
驳说，你的观点不现实，不是当务之急。你要做好这样的心
理准备。首先，你要解释为什么你需要继续实施计划。那
么，你就要将问题推回给他——问他们有什么选择和办法。
试着创造各种不同的选择，而不是采取"你要么接受，要么
走人"的态度，因为后者会演变成要么成功要么失败的讨
论。你应该一直聚焦下面这些方面：

- 未来，而不是过去
- 行动，而不是分析或者行为
- 双赢，而不是双输
- 各种选择和讨论，而不是争论

情绪反应：积极面对他们和自己

有一种方法能让难以相处的人高兴，那就是纵容他们，
你可以宽恕他们的行为，也可以挑衅他们的行为。如果你对
他们表示同情，纵容他们的行为，他们会觉得可以继续我行
我素。如果你挑衅他们，你就挑起了一场战争，即使从理性
上讲你是对的，从情绪和政治上讲你也会输，因为你为自己
树立了一个敌人。你只需要忽略他们的行为——谈话时保持

积极的心态，将焦点放在行动上。关注任务，而不要关注行为。你是一个领导者，不是一个私人心理医生。

难以相处的人通常喜欢将自己的烦恼传递给别人。面对他们言辞的冒犯，你很容易挺身而出做出回应，尤其是当他们冲着你来的时候。如果你这样做，那就正中他们的下怀。对于他们的行为你不要太在意——留意他们的行为，但是不要被他左右。继续关注你的任务，继续保持积极的心态。你很难相信，其实我们的情绪掌控在自己手中——我们可以选择保持开心、烦恼、生气或者失落。我们不必让自己的情绪受到他人行为的左右。如果你想报复难以相处的人，请记住最有效的报复手段就是保持开心：如果你感到快乐，你就拥有一切，而他一无所有。

"继续关注你的任务，继续保持积极的心态。"

当你做出情绪反应时，想象一下你敬佩的榜样会如何处理这种情况。如果你的榜样是兰博、达斯·维达、匈奴王阿提拉这类人，那你就得找一个更加积极的榜样——可以是一位在人际关系方面表现优秀的同事或者前辈。最终，你也应该成为一个榜样——你希望别人怎么对你，你就怎么对待别人，为自己的行为负责，赢得组织成员的尊重。在大多数场合，如果你模仿的是难以相处的人的行为，那你很难进步。你要遵循以下原则：

· 保持积极的心态，给人留下专业的印象。

· 关注任务，而不是行为：不要纵容也不要挑衅难以相处的人。

这样一来，难以相处的人只得寻找更容易挑衅的对象。难以相处的人仍然存在，但是他不再是你的问题。

剑拔弩张的形势下如何保持冷静

指导对象们告诉我 10 种在剑拔弩张的形势下保持冷静的方法。这些方法各种各样，有的方法令人赞叹，有的方法荒诞不经。不论什么方法，只要能让你保持冷静，就是有效方法。

1. **想象一下冲动的结果**：你想实现什么目标？请关注这一点。不要陷入激烈的争吵。保持冷静，关注你想实现的目标。

2. **赢得朋友，而不是赢得争论**：为了道德和正义争论，你不会得到任何回报。用逻辑对抗情绪无异于火上浇油：你的争论可能很精彩，但是不可取。

3. **让对方发泄情绪**：让对方发泄情绪，倾听他们的声音。没有人会长时间保持愤怒。他们还在气头上时，别人的话听不进。等他们发泄完了，大多数人都会感到愧疚。至少，他们会理智地交谈。

4. **保持积极的心态**：人们对你的行为比对你的成就印象更深。给人留下良好的印象，你的行为可能会说服对方变得积极。

5. **想象一下你的榜样在这种情况下会怎么做，效法他们**：如果你的榜样是达斯·维达和维拉德大帝这样的人，就不要用这种方法。

6. **做置身事外的观察者**：当你置身事外时，你就能清醒而客观地思考，不会意气用事。

续表

> 7. 想象一下穿着粉红芭蕾舞裙的"讨厌先生"：看到一个年过五旬、身材肥胖、穿着粉红芭蕾舞裙的人，我们很难生气。与保持冷静相比，克制想笑（或者捉弄别人）的冲动其实更难。
>
> 8. 记住你还有别的选择：你可以表现得气愤、焦虑、积极或者专业。你有选择：做出正确的选择。
>
> 9. 像奶奶教你的那样，数 10 个数：等待怒火消退，重新控制自己的情绪。
>
> 10. 像在佛教冥想课上学到的那样深呼吸：就像数 10 个数一样，这样做也能让你控制自己的情绪，做出具有专业水准的回应。

政治反应：动用关系网

难以相处的人不仅会表现出可恶的言语和行为，甚至会对你的职业生涯造成恶劣影响。他们可能很乐意耽搁或者阻碍你的计划，甚至以私下散布谣言恶意中伤你为乐。这样的话，你必须做出应对。你需要谨慎从事，避免被流言中伤。动用政治手腕包括私下和公开两种方式。

理想的情况是，无论是谁造成了问题，你可以直接找他解决。如果理性的解决办法和适当的情感策略都无法解决问题，你就需要采取下一步的防卫措施：私下向你信任的指导者或者导师寻求建议，但是最好别找你的上司。你的上司希望你能独立解决这类挑战，除非万不得已，他不想卷入其中或者以势压人。当你接受建议的时候，请注意：不要消极地看待难以相处的人。关注需要采取的措施，关注阻止你前进的障碍。你得假定，你说的话都会被那个难以相处的人听到。这样的话，你的指导者就会知道这个对象是个什么样的人，你就不需要进一步描述他的恶行。

"关注需要采取的措施，关注阻止你前进的障碍。"

最后一道防线是找到能够对这个人施加影响的人。最显而易见的办法就是闹到他的上司那里去。这是最后一招。上司们最不喜欢"我说，她说，但他的意思是，他们没有，但我们希望……"此类的话。要与人进行商谈，否则无论是对你还是对其他人，问题会依然存在。找对方上司在短时间内会收到效果，但是这么做就等于在职业生涯中树立了敌人——没有人喜欢别人向上司打小报告投诉自己。不到万不得已，不要使用这种方法。

不要让大家都知道你们的争斗。即使你赢了，你也会受到伤害。保留过往电子邮件"证明"自己是对的也没用。没有哪个上司希望变成侦探，研究谁在什么时候写了什么。上司只想平息争斗而不是弄清谁是谁非。

20

艰难的谈话

没有人喜欢开展艰难的谈话。这就意味着人们经常回避此类谈话，因而问题就会持续发酵。如果你幸运的话，问题会自动消失。在更多的情况下，问题会愈演愈烈，原本艰难的谈话会变得更加艰难。领导者们不能一直高枕无忧——你必须适时适当地处理艰难的问题。

下框为你提供了 10 条建议，帮助你将艰难的谈话变得富有成效。

应对艰难谈话的艺术

1. 明确目标

通过谈话明确你想要实现的目标。你应该预判谈话的结果：谈话结束之后你会带来哪些改变和改进？发泄你的怒火、斥责别人或者义愤填膺会让你好受一些，但是这无助于改善你们的关系，也不会帮助你提升业绩。

续表

2. 做好准备

尽最大努力了解情况：从同事那里掌握正确的数据或者观点。由于误会，很多艰难的谈话变得更加艰难。因此，从一开始就要消除误会。然后，确保你选对时间和地点开展谈话。所谓正确的时间，是要在当事人记忆仍然清晰的时候开展对话，当然也不能挑大家的情绪还没有平静下来的时候。找到合适的地点，在私密的场合进行——也就是说，只有你们两个人。只要有第三个人在，就是公开场合，每个人都会公事公办。

3. 阐明议题和目标

谈话最艰难的地方就是开始。说明议题，切中要害，保证谈话有一个建设性的结果。例如："我们的重要客户在上次会议上的反响很糟糕。我们谈谈该怎么应对，以便在将来得到满意的反馈。"避免这样的开始："你让客户很失望，谈谈是怎么回事吧。"这种说法不会产生积极的结果，只会导致冲突。

4. 争取理解

避免误会。从问题开始。开放的问题会鼓励对方做出充分的回答，例如"谈谈事情的经过，还有你是怎么看的。"你可能还需要确定问题的确存在，因此会说"说说你想在这个会议上达到什么目标。"你可能想用封闭式问题来进一步推动对方："这真是你想要的结果吗?"

5. 不要离题

当对方开始否认（"没有什么问题呀"）、回避（谈论其他问题或者计划）或者争论（"我说/她说/但是他没有/我的意思是/他们

续表

不愿意/那你为什么不"一类的辩解）的时候，原本艰难的谈话会变得更加艰难。关键是你想让谈话围绕未来的目标：因此你要紧紧围绕目标，不要离题。

6. 保持尊重

永远不要贬低别人，尤其是形势紧张的时候不要这么做。不要带个人情绪。如果有人变得情绪激动，甚至留下眼泪，那就休息一下，让对方平静下来。这样，讨论才会更加理智、更有成效。这样也会避免别人说你乘人之危。

7. 注意言行

注意你自己的语言、腔调和肢体语言。避免过度自卫、带有侵略性或者情绪化的状态：一旦你表现出这类倾向，谈话就无法完成。谈话之前静静地想一想，以便你能沉着冷静地展开对话，表现得很有专业水准，为谈话做好充分准备。

8. 共同解决问题

如果你的脑海里已经想到完美的解决办法，不要说出来。相反，询问对方会怎么办。他们有可能会想到更好的解决办法。如果办法是他们想出来的，他们会更加投入，将想法变成现实。如果你把想法强加给他们，他们可能会觉得想法很愚蠢，反而不会奏效。

9. 确保达成一致意见

一个常见的错误就是交谈结束之后，双方看起来都很开心，但是没有形成一致意见。结果你发现你离开时仍然各持己见，谈话的效果瞬间土崩瓦解。谈话结束时，问对方接下来会怎么办。如果他说的跟你期望的一样，你们就达成了一致意见。如果不一样、不完

续表

整或者闪烁其词，你就知道你还要做更多的工作。

10. 一定要开展谈话

这是最关键的一点。不要回避艰难的谈话，不要将问题授权给上司或者同事。这种谈话永远都不会完美，但是你经历得越多，你就越擅长，越能让谈话变得富有成效。

不是所有的艰难谈话都是开放式的。如果你要宣布有关薪酬、奖金、晋升、分工或者岗位前景的坏消息，那就没必要进行开放式的讨论。你需要做好准备、保持尊重、注意言行，但是你要快刀斩乱麻，直截了当地宣布坏消息。避免过多的解释或者讨论——这样做只会让问题变得更加混乱，这样也给人留下机会，让他们与你讨价还价或者在你面前装可怜。只有等大家明白和接受了你的决定之后你才能做出解释或者继续下一步。

"你要快刀斩乱麻，直截了当地宣布坏消息。"

如果你想成为领导者，就必须应对艰难的事务。可喜的是，你经历得越多，处理起来就越容易，也就越得心应手。

21
解雇

　　谁都不喜欢"解雇"这个词。企业界的行话总是拐弯抹角，免得你遭遇尴尬的现实，也免得你一旦炒了某人的鱿鱼，就与这个人的生活搅在一起。相反，我们听到的都是消过毒的词语，比如裁员、缩小规模、外移、转型、外包、下岗、调配和放人走。这听上去很干净，也很合理，除非你处于被解雇的一端。事实上，大多数领导都知道自己侵害了他人的生活，因而更愿意回避麻烦的现实，避免做出艰难的决定。

　　归根结底，你需要对自己的机构负责：机构的生存比个人的生存更重要。让错误的人待在错误的岗位上会让许多其他工作面临风险。你必须做出艰难的决定，调换那些不在正确岗位上的人。但这也意味着你做出的解雇决定必须公平公正，不是在报私仇。公平的过程对保持士气至关重要。

"机构的生存比个人的生存更重要。"

解雇某人的前提是需要知道何时适合开除这个人。我见过许多开除人的理由都站不住脚：

- 出现问题时需要一个替罪羊
- 报私仇
- 新领导上任后要显示自己的权力
- 惩罚一次性的失败或挫折
- 为"任人唯亲"腾出位置
- 清除某个潜在竞争对手

即便领导矢口否认，上述理由在机构内部也会引人注目。它们滋生出的文化会由勾心斗角、怀疑与恐惧构成，而这些对任何一个高绩效的团队都是恶劣的起点。

你需要知道如何解读出某个人表现背后真正的呼救信号。他可能没有达到要求，也可能有其他糟糕的绩效，但这并不一定就是遇险信号：失败的原因可能多种多样。几乎所有领导者都经历过挫折。要点在于区分什么是一次性问题，什么是失败模式。

"几乎所有领导者都经历过挫折。"

典型的"职业死亡螺旋"都有一些经典的模式：

- 一再未能按期完成任务或者实现目标，而且事后还恳求更改最后期限或目标，并声称这些期限或目标最初制定得不公平、不切实际或不清楚。

· 退卸责任：怪罪他人。

· 出现问题时沟通不清晰，导致"他说、我说、她说、他们说"这样的讨论。

· 上班不见人：最后阶段的表现常常为病假越来越多，办公室见不到人影。

· 来自同事的直接抱怨日渐增多。

相比之下，如果有人在遭遇挫折之后能够承担责任，能够清晰沟通，能够继续在岗并解决问题，这样的人更有可能取得成功。但是，某个人一旦陷入"职业死亡螺旋"之中，他翻身的概率微乎其微。你需要快速采取行动，避免有人遭罪。

第三篇

行动：实现目标

导　论

　　高效的营销人员与低效的营销人员的效率之间存在天壤之别。例如，美国大都会人寿保险公司发现，最出色的保险员比最差的保险员效率高1倍。这在销售类工作中是正常结果，因为在这些工作中，人们比较容易对效率进行比较。大多数职业性工作不像销售类工作那么清晰明了：成功没有那么明显，它既取决于数量，也取决于质量。对不同职业人士的效率进行比较，其难度要大得多，因为大家干的工作不尽相同。这意味着不同职业的工作人员之间的效率差距很可能比销售人员之间的差距还要大。坦率地说，工作量难以确定的人比较容易让人忽视，而销售人员却无处可藏。这与工作经验有关。在你上班的地方，你或许知道谁能够做成事情，谁会躲藏起来。效率最佳与最差的人之间的差距甚至会高达4倍以上，尽管这一点很难证实。

　　那么就实现目标而言，需要貝备哪些条件才能进入高绩效团队呢？你有 3 个重点：

1. 对于自己的目标和重点必须非常清楚。你得知道自己想取得什么成绩。如果你不知道自己想要什么，那么你不大可能寻找到一个目标。聚焦目标会让你从日常管理的噪声中区分出信号。既要应对噪声，也要挤时间朝自己的目标努力。这听上去应该有点耳熟：这正是 IPA 计划中的一部分——有一个明确的想法。

2. 寻找帮助。你无法单枪匹马做成这一切，因此你需要建立一个团队来帮你成功。在机构各个层面上建立一个有影响力、能提供支持的关系网，这对你很有帮助。这听上去同样有些耳熟：这是你 IPA 计划中的人员部分。一旦有了好的想法、优秀的团队，你就已经踏上了成功之路。

3. 掌握好技能。这是你个人能够带来变化的地方——也是所有领导处理的事项。这是本书其余部分重点讨论的内容。

你已经掌握了运营、财务、法律或者你的专业领域的一些技术技能。作为领导，你还需要掌握另外 3 种技能，本书这部分将着重探讨：

1. 组织技能。作为领导，你得知道如何领导变革，如何让项目成功，如何控制成本，如何处理预算、危机和冲突，以及如何在不确定的情况下影响决定。这些技能中的任何一项都需要几年的时间才能掌握，但是基本原理非常简单，而且会在下面几章中一一呈现。

2. 个人技能。如果你向一个 5 岁孩子解释自己一整天都在忙什么，那么解释你如何管理全球供应链中的各种错综复杂的事务也不会太难。但如果你说你会见客人、与他交谈、听人说话、阅读并起草文件，那么别人也许能明白你在忙什么。这就是领导每天实际所作的一切，也是他们的平凡世界，但有些领导善于此道，有些领导不会。磨练好这些日常技能，你就能在同行中出类拔萃。

3. 心态技能。最出色的领导之所以与众不同，是因为他们的思维方式不同。如果说伟大领导有什么 X 因子的话，那就是这里。幸运的是，研究表明，最出色的领导的思维方式是一致的、可预测的、可以为任何人所学会的。本书这部分结束时会概述这项前沿研究，教给你如何建立自己版本的 X 因子。

本书第三篇首先介绍如何管理变革，因为这是领导艺术的核心。只有改变目标、重新确定优先事项、更换人员，你才能带领人们取得他们自己无法取得的成就。

22

管理变革

当领导就是要带领人们取得他们自己无法取得的成就。这意味着变革是领导艺术的核心。领导如果只是维持或者改善现状是不够的。这其实是任何管理者应该做的，而且是非常艰难的工作。只要改变做事的方式，只要朝着完美愿景的方向努力，领导者就能带来变化。

从理论上说，我们每个人都应该喜欢变革。变革能够带来进步与繁荣，比如将全球经济联系在一起的新的技术和更高的效率。在实际生活中，如果其他人和公司进行变革并且有利于我们，我们会喜欢变革。当我们自己需要变革时，变革会突然变得没那么诱人。变革涉及的不是机会，而是风险。变革意味着改变我们的工作方式，或者还要改变我们的雇主、工作场所以及工作性质。我们得学习生存与成功的新规定，而这些对我们是否有利还很难说。变革的力度越大，人们感觉到的风险就越大，被动和主动的抗拒也就越大。

"因此，如果你想真正变革，你就会面对真
正的抵触。"

因此，如果你想真正变革，你就会面对真正的抵触。这
改变了"领导"一词的定义，从"将人们带到他们自身无
法到达的地方"变成"将人们带到他们不愿意去或不想开始
的地方"。

"变革意味着个人发生改变，变革过程也因
此充满了感情色彩。"

人们在考虑变革时总是喜欢将其视为一个理性过程，可
以由甘特图或PERT图表示，但这种看法大错特错，现实截
然不同。变革意味着个人发生改变，变革过程也因此充满了
感情色彩。变革还意味着改变机构——社会等级中的变化意
味着变革还是一个非常政治化的过程。

如果你希望变革成功，你就需要在3个层面上管理好变
革过程：

1. 理性层面

2. 政治层面

3. 情感层面

认真勤勉的项目经理会在项目的理性世界里工作。作为
一位推动变革的领导，你必须应对同事们的政治和情感议
题，以此来实现变革，确保不同项目取得成功。"应对政治
与情感议题"听上去很含糊，也略微显得难以做到。这在很

大程度上取决于经验，但如果你缺乏这类经验，那没有什么用。即便你有经验，遇到变革时，手头有结构更清晰的东西也要比只有天生才华和直觉要好。时过境迁，上次成功的经验这次不一定还能成功。

实际上，在应对变革的过程中，有 3 个工具可以帮助你将成功的机会最大化：

1. 为成功而变革
2. 管理变革过程
3. 管理变革中的关系网

为成功而变革

大多数正常人都不喜欢变革。变革意味着不确定性和风险。即便我现在可以成功，一旦遇到新的环境，有了新的上司，干着新的工作，我怎么知道自己还能不能成功？我对变革的掌控力越小，我就越害怕变革。因此，主宰变革的是 **FUD** 因素：

Fear（恐惧）

Uncertainty（不确定性）

Doubt（怀疑）

只有 CEO、高层领导和顾问不会受到 FUD 因素的影响。他们能够掌控变革，而且知道如何从中获益。

实际上，大多数变革项目早在开始之前就成败已定。作为领导，你的关键作用在于确保变革的目的是成功而不是失败。你可能认为这会占据太多时间，但是为了确保成功，付出这点时间是值得的。多年来，人们一直用一个简单的公式来预测变革的成败，尽管它从数学的角度来说精确性仍然不够。这个公式如下：

$$V+N+C+F \geq R$$

V = 愿景（Vision）

这不是"拯救地球"类的愿景，而是你未来的完美想法。它应该体现你的组织、团队或机构如何发生变化，以及如何因为这种变革而变得更好。这便是 IPA 计划中的思想。要想让愿景引人注目，就必须让它与每个人有关。要说明他们在变革中如何发挥作用，以及他们将如何从变革中受益。

N = 需要（Need）

无论是机构还是个人都应该感觉到需要变革。要让大家明白，无所作为的风险远大于有所作为的风险。要让人们对无所作为心存畏惧，这样做虽说不太厚道，却非常有效。CEO 们经常创造一些"燃烧的平台"来达到这个目的。归根结底，他们认为如果没有变革，公司会因为竞争、法规或技术而倒闭。与失业的风险相比，变革的风险突然之间变得很低。

C = 变革能力（Capacity to Change）

如果组织缺乏变革的技能或资源，那么光有愿景和需要便毫无意义。你的团队需要知道他们可以顺利渡过难关。你的变革能力取决于两点。第一，你需要变革所需的资源：你需要预算、团队和最高管理层的支持。第二，你需要建立可信度。如果每6个月就宣布一个新的变革提议，3个月后被大家忘得一干二净，那么大家会彬彬有礼地对你最新的提议嗤之以鼻。一定要让大家看到这次的变革是真的，然后才能继续下一步——最初步骤。

F = 最初步骤（First Steps）

我们生活在一个人人渴望立刻得到满足的世界。我们想要自己支持的人获胜。我们可以充分利用这一点，寻找出一些早期的成功迹象，从而将所有怀疑者和骑墙派拉上船。你可以营造一种兴奋感，大声宣传取得的进步，就像是你在乐队花车的最前头，让其他人加入你的花车。

R＝变革的风险与成本（Risks and costs of change）

变革的风险通常可以通过公司的一些标准设施来化解，比如风险记录单、问题日志和缓解行动，但它们的作用比较有限。它们所应对的只是大多数经理得心应手的变革带来的理性风险，但变革带来的真正难题却不是理性风险，而是情感和政治方面的风险。情感风险牵涉到那些感到变革给他们带来了威胁的个人。政治风险则来自对现状的挑战，威胁到其他部门的地位，并扰乱整个组织。

情感和政治方面的障碍很难发现，因为它们通常隐藏在对变革的各种合理的反对意见的背后，比如"这个成本太高"或者"顾客们不会喜欢的"。这些其实都是借口，真正的风险是"我感到它威胁到了我"以及"它威胁到了我的部门"。如果你只解决合理的反对意见，那么你会失去重点，陷入到一场毫不相干且毫无胜率的辩论当中。抽时间与每个人单独交流，弄清楚每个人真正的计划并设法应对，你会发现那些合理的反对意见神秘地消失了。

> "逐步让大家意识到需要变革，意识到无所成就的风险。"

作为领导，应对全盘计划有益无害。要时刻提醒大家关注愿景的内容，并将其与他们的需要联系在一起，逐步让大家意识到需要变革，意识到无所成就的风险。寻找出一些早期成功案例来鼓励大家，并确保有足够的能力来支持变革。所有这些都需要与降低风险相平衡：真正喜欢冒险的人屈指可数。人们感觉到的风险越大，他们对变革的抵触也就越大。一定要把变革的风险降到很低，而且不让任何人妨碍你。

管理变革过程

项目经理可以管理变革中的技术与人员的方面。作为一名变革派领导，你必须管理好变革所带来的政治与情感后果。大多数重大变革项目都经历过可以预见的情感和政治周期，图 22.1 反映了这一点。

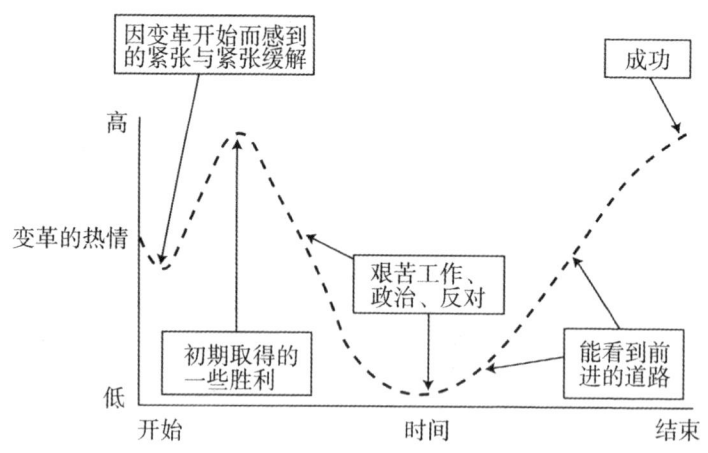

图 22.1 变革与死亡之谷

160

　　只要你成功运用了上述变革方程式，你很早就能见到有些人对变革充满了激情。如果在初期能取得一些成功，便会有更多怀疑者改弦易辙，一切便会开始变好。然而事情正是在这个节点上开始出错。最初的激情过后，大家慢慢地开始意识到所需变革的规模。他们开始看到变革所带来的合乎逻辑的结果，你所描绘的变革带来的令人兴奋的愿景变得模糊起来，因为现实是大家需要冒风险，需要付出努力。

　　仅仅因为一件事就导致崩溃的情况很少。变革通常慢慢陷入绝望的泥淖。当初见到第一丝成功迹象就急不可待上船的一些同甘不共苦的朋友，一见到麻烦的苗头就纷纷跳船而去。他们现在与你的变革保持距离。他们会提供建议，却是暗藏杀机的建议。如果你接受他们的建议，他们就会声称是他们扭转了局面。如果你拒绝接受他们的建议，他们就有了把柄，可以宣称正是因为你拒绝接受他们的建议，所以才失败。你突然开始发现自己孤立无援、四面楚歌。

　　对于变革中期出现的危机，预防显然胜于治疗。如果你已经为成功制定了正确的前提条件，就项目管理和变革进程而言，你会挺过去的。如果变革条件没有成熟就匆忙开始，那么你可能会失败。或许是因为大家会对愿景缺乏足够的信心，或许是因为政治支持不足，无法说服变革的反对方。

　　说来也怪，死亡之谷对大多数成功的变革项目都至关重要。只有在死亡之谷中，人们才会完全意识到他们需要进行的变革的规模。反对变革是最明确的迹象，表明他们终于在认真对待变革，表明他们参与了进来。不要避开死亡之谷，要将它找出来。

在我发起的大多数重大变革中，我会从一开始就提醒客户或出资方，要他们关注变革周期和死亡之谷。一旦他们知道迟早会遭遇这些，就会不再那么担心，他们会意识到那是很自然的事，并且会为挺过去做好准备。有几次，CEO 像远行的孩子那样一再询问："我们到了吗？这就是吗？我们到达死亡之谷了吗？"死亡之谷是很不舒服但很重要的体验。正是在这一刻，每个人都会意识到他们无法再继续沿用老办法，哪怕他们不知道未来等待他们的是什么。只有到这一刻，大家才会真正明白现实，准备向前推进。

"领导者关注未来：眼睛要盯着最终目标，
然后想方设法抵达那里。"

追随者们常常会在死亡之谷中放弃。领导者关注未来：眼睛要盯着最终目标，然后想方设法抵达那里。在别人都只看到问题的时候，如果你能主动提出解决方案并主动采取行动，那么你就会出类拔萃。在意气消沉的绝境中，大家自然希望有解决办法。死亡之谷是你的关键时刻，是你证明自己能力的时刻，也是你学得最多、成长最快的时刻。

如果下一次你的变革努力遭遇危机，这一切能够给你带来一些希望，那么这一切至少还是有益的。记住，成败之间的区别常常就在于坚持不懈。

管理变革中的关系网

为取得成功而进行变革，这其中有一个大陷阱。领导者常常想让每个人都加入到他们那欢天喜地的花车上。正常情况下，这不可能。总会有几个抵制一切的死硬派。成功变革中的关系网包括那些合在一起能够有权力、技能和资源来确保变革成功的人。此外，变革领导者也需要机构内有一个关键群体对他表示支持。试图让整个组织全部参与变革，这本身就是一个陷阱。我们可以在图 22.2 中看到其中的挑战。

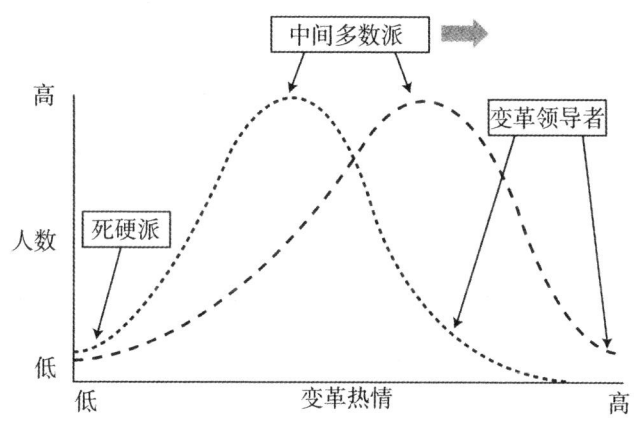

图 22.2 变革钟形曲线的移动

这张图显示，大多数人原则上对变革的理念无动于衷。实际上，他们的激情也会时高时低，这取决于他们处于死亡之谷的何处。但钟形曲线效应无时不在。

变革钟形曲线的两端总会有极端情况，一端是变革的狂

热支持者，你把他们作为积极主动的领导和早期适应变革的
人纳入到自己的麾下。在曲线的另一端，有些人会抵触到
底。不要在这些人身上浪费时间。让他们看到变革在取得成
功，给他们时间做出决定。他们会开始感到孤单，感到变革
的列车已经出发，他们被遗留在了站台上。他们可以决定是
离开还是上车。万一他们想躺在列车前的轨道上进行抗议，
那就让他们知道列车不会停下来。抵触改变的人会占据你大
量时间和精力，与支持改革的人完全不相称。在实际操作过
程中，你需要将大多数人从保持中立变成勉强接受变革。再
说一遍，不要指望人人都成为变革的积极拥护者。

争取关键大众

在一家化工公司，工厂经理为自己无法推行一套新的工作做法
而沮丧。我们应邀提供帮助。我们不久便听到有人大声反对整个变
革理念，而且态度很强硬。他们运用各种理由进行反对，从成本到
工作—生活平衡，到健康和安全，直至威胁要罢工。但我们发现这
些反对意见其实全都来自一小群员工和管理者。在粉末工厂，大多数
人都在默默支持变革，却被几个色厉内荏的中层管理者吓得不敢做声。
工厂经理成了这些人的人质，他们成功并有效地否决了他的计划。

我们没有去关注那些持反对意见的人，而是将注意力集中在那
些支持变革的人身上。随着我们开始在支持率最高的地方执行变
革，大家意识到他们其实喜欢这些变革，在支持这些变革时变得更
为大胆。我们无需与反对者沟通——他们一个个都会做出自己的决
定。有些人选择参与项目，有些人选择离开。作为变革领导者，不
要试图时时刻刻讨好所有人，那样你将一事无成。

　　除了广大群众，你还必须建立正确的权力网络来支持变革。建立网络与同盟对于你在矩阵中央取得成功至关重要，这也是下一章的内容。

23
管理项目

变革管理与项目管理对所有领导者而言必不可少。人们经常在谈论变革与项目管理时将它们当作同一回事，而实际上它们不是。项目管理是变革管理中注重技术和任务的分支。项目关注与谁在何处、何时做了何事。我们可以将领导艺术视作一系列相互关联的项目，能够帮助大家实现他们自身无法实现的目标。

如果你是高层领导者，那么项目管理的艺术就比较简单：你雇佣某个人（或者某个顾问）来替你管理项目。但对大多数领导者而言，如果他们想有所作为，那么项目管理就是他们必须掌握的一门重要艺术。如果你真的聘用了助手来管理项目，你需要对此有足够的了解，以确保他们把工作做好。

"如果你想有所作为，那么项目管理就是你

必须掌握的一门重要艺术。"

出色的项目管理是管理者是否出色的标志。管理者用既定的资源去实现既定的目标。好的变革管理是优秀领导者的标志。领导者会超出自己的正式权力范围，有效地运用影响和政治技能来实现目标。

是项目管理还是变革管理?

变革管理与项目管理之间的差异在并购案例中最为明显。并购双方各自带来几名顾问，而这向来是一个危险的想法。合伙方充当了领导者的角色，而这正是董事会所需要的。虽然他没有得到正式授权，却每天召集执行委员会开会，帮助他们解决任何并购项目中每天都会出现的危机。他暗地里向所涉及的每个人澄清利弊。顾问们随后成立了一个团队，以项目管理的形式来管理并购过程。十天后，他们设立了一个作战室，里面有各种风险记录、问题记录、会议记录、出勤记录、电话记录和主日志。一切都有日志记录，但什么都没有干成。客户简直要疯了。记录和文件无法改变什么，但是人可以。他们试图管理变革；你则必须领导变革。

不过，领导者也必须完成项目管理的基本任务。我们将在下文有效项目管理中讨论这一点。

项目管理基础

优秀的项目管理是一项货真价实的技能，也是稀缺品。

项目有一个非常糟糕的传统，那就是完成项目的时间和成本常常比当初申报时多出一倍。请人干过建筑活的人都深知这一点，而且是在付出了大成本之后。有些项目完全失控。修建苏格兰议会大厦的成本从最初投标时的 1000 万 ~ 2000 万英镑一路攀升到了 4 亿多英镑。伦敦奥运场馆的造价是原先估算的 3 倍。政治家们或许是了不起的领导人，但他们当中优秀的管理者确实是凤毛麟角。

我们在此不必关注合同管理中出现的变化莫测的事。承包商的成本远远高于你的想象，其中一个原因是他们从一开始就报价过低。他们要么是过于乐观，要么是希望在项目执行过程中不可避免地请求变更和追加投入，以此来弥补自己的损失，从建一个新厨房到修建伦敦奥运场馆，一概如此。对于买房而言，这被称作成本超支，不是什么好事。对于供货商而言，这被称作收入递增，是他们所依赖的。

现在有许多非常详尽的手册，指导大家如何经营预算紧张的项目。我们将重点关注能带来巨大差异的几点。大多数项目很像大多数战斗与变革，还没有正式开始就已经见了分晓。一定要保证项目设置的目的是成功而不是失败，这对你有益处。成功取决于四个基本原则：

1. 正确的问题
2. 正确的幕后老板
3. 正确的团队
4. 正确的过程

一旦这几个原则出错，你的项目注定会失败。一旦应对得当，那只有白痴才会把事情搞砸。图 23.1 显示了你作为领导者应该将精力集中在何处：项目开始之初、真正费心费力的事还没有开始之前。

我们将逐一分析成功的四个原则。

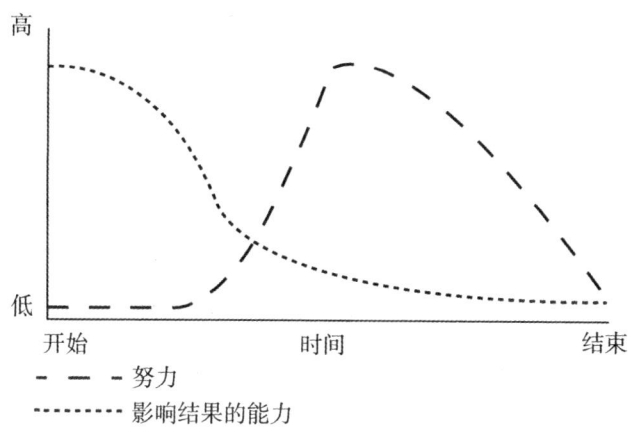

图 23.1　项目：努力与影响结果的能力

正确的问题

有个故事讲述了一个醉汉，在一条漆黑的小巷里丢失了自家的房门钥匙。他在这里什么也看不见，于是便走到了大街上，因为那里的路灯很亮。他在那里找房门钥匙，心想至少在那里他可以看见自己要找的东西。有太多的管理者只在容易的地方寻找，而不是在对他们有用的地方寻找。要想确保寻找的地方有用，我们必须在正确的领域寻找并解决正确的问题，哪怕这样做的难度很大。

"有太多的管理者只在容易的地方寻找，而不是在对他们有用的地方寻找。"

知道答案的专家有很多。他们就像一个个解决方案，在商界漂泊游荡，寻找自己可以落脚的问题。他们的花言巧语极具诱惑性，绝不亚于当初在美国蛮荒西部兜售包治百病灵药的江湖郎中。由于他们给出的都是非常容易的答案，管理层常常会急不可待地陷入赶时髦的陷阱中。如果回答的是一个错误问题，再好的答案也毫无用途。"6 乘以 7 等于几?"的正确答案是"42"。对有些人而言，这也是"生活的意义是什么?"的好答案，但它却回答不了"克罗地亚的首都是什么?"这个问题。

找出正确的问题并不容易。我们将面对各种问题：成本削减、重建、供应链管理、卓越服务以及各种创新措施。无论何种情况，一定要反复询问"为什么"，这样才能从中获益。

寻找出真正的问题

　　一位酒店管理者想提高房价。我们开始问为什么。我们花了数周的时间寻找数据，结果得出了下列逻辑关系图：

我们必须提高房价	为什么?
因为我们必须提高利润	为什么?
因为利润在减少	为什么?

续表

因为我们的客人单元成本在增加	为什么？
因为我们的客源在减少	为什么？
因为竞争对手的房价比我们的低	所以……
我们应该降低房费	

这里的逻辑关系自然不会像上面那样简单地从天而降，梳理出这样的逻辑关系图可能只需要数分钟，但也可能需要数月。在这个案例中，逻辑关系图驱使酒店经理采取了与他最初打算截然相反的行动——他不但没有涨房价，反而降低了房价。

正确的幕后老板

只要寻找到合适的幕后老板就能寻找到正确的问题。CEO 便是一个理想的幕后老板：

- CEO 的项目本身或多或少就是"正确的"问题：所有人都会将其视为优先要办的事。
- CEO 力挺的项目总会有预算。
- CEO 有权有势，能让计划变为行动，并且能突破政治僵局。
- 你会声名鹊起：这是你扬名的好机会。

如果你是 CEO，那么这非常危险。你会发现许多人迫不及待地想取悦于你，他们会对你百依百顺，还会把你的想法付诸于行动。他们会充当你的代理，滥用你的权力："干这个，因为头想要这样做。"很少会有人冒险挺身而出，告诉你是在被别人当枪使。CEO 有可能正在解决错误的问题，而大家常常都会保持沉默，任凭 CEO 在错误的方向继续前进。挑战 CEO 是危险的举动。你有可能会因为自己的洞察力和诚实而得到信任和重用，也有可能在公司内部落到等同于在西伯利亚清扫厕所的地步。

并非所有项目都属于 CEO 本人，但出色的幕后老板必须具有以下相同特点：

- 对于幕后老板未来的个人成功而言，项目应该是一场"必须打赢的"战斗。你需要一位为取得成功而全力以赴的幕后老板。否则，你会遭遇不对称风险：当你承担失败的风险时，幕后老板弃你而去；或者在你成功时，幕后老板沽名钓誉。
- 幕后老板必须有权力和影响力，能够克服任何项目上出现的所有政治困境。
- 幕后老板必须有足够的权威和资源，能够让项目得以完成。

正确的团队

你希望拉进项目团队中的人常常无法分身。但凡出色的人，总会在别的地方忙得难以脱身。唯一能够找到的是那些闲坐在沙滩上，等待召唤使用的人。他们当中的典型代表要么缺乏经验，要么缺乏检验，还有一些虽然有经验也经过检验，却表现平平。即便一些出色的人可以加入团队，他们也很可能缺乏对于项目成功至关重要的特殊技能。我们在本书的第二部分已经看到，一定要保证招聘到的人与你有相同的价值观。项目很少能一帆风顺，所以你需要有韧性、有创造力、有主动性的人来帮你熬过艰难的时刻。

> "你需要有韧性、有创造力、有主动性的人
> 来帮你熬过艰难的时刻。"

此时，成功的项目管理者应该采取强硬态度。接受二流团队就等于要接受二等结果，要加班熬夜，还要面对重重危机和挫折。某个项目究竟有多重要，一个很好的检验方法就是看看项目团队里都有什么人。如果幕后老板和 CEO 都很乐意看到项目上有一个二流团队，那么他们显然认为这个项目并非重中之重，这是离开该项目的好时机。如果他们准备做出牺牲，让一流团队成员放下手头的活参与进来，那么他们显然认为该项目为重中之重。

正确的过程

项目管理手册最为关注的就是这　点。如果你找到了正

确的问题，有合适的幕后老板，并且组建了正确的团队，那么你很可能会找到正确的过程。即便事情出现差错，团队中依然会有足够的力量来纠正方向。

除了复杂的甘特图和计划评审表外，正确的过程还有 3 个基本点：

1. 从项目结尾开始，倒推整个过程。
2. 计算出实现目标所需的最小步骤数。
3. 创建有效的治理过程。

"从项目开头去分析整个项目过程从来不是一个好主意。"

从项目开头去分析整个项目过程从来不是一个好主意。要在项目开始之前尽可能清晰地明确最终结果，只有这样，每个人才能知道自己所努力的方向。一旦知道最终目的，就能够将偏离方向的风险降至最低，还能降低承包商不断涨价的风险。

一旦知道了最终结果，接下来就需要计算出实现目标最少需要多少步骤。总有一些职员会发现细节这个无底洞，然后深陷其中。领导者所面临的挑战是化繁为简，让每个人只关注真正重要的事。通过找出达到目标的最少步骤数，你还能确定通往目标的关键路径（哪些事情需要先做，然后才能开始做其他事），这也会让人们更加容易地控制和监督整个过程。

　　高效的治理必不可少。目标含糊，朝三暮四，优柔寡断——这些都会造成成本和时间的急剧增加。这种情况经常发生在大家相互勾心斗角、团队成员并非真正齐心协力的环境中。清晰的目标和清晰的决策过程变得至关重要。另一个治理陷阱是没有任何治理——许多项目启动之后却没有来自顶层行之有效的跟进措施。你应该坚持要求最高管理层继续监督项目实施情况。这对于保证项目处在正确轨道上，对于克服障碍都有很大益处。这也有助于保持大家对项目的关注。如果一个成功的项目没有引起最高管理层的关注，那么这个项目对领导者也无多大益处。

24

应对冲突

即便是运行最出色的机构内也会有冲突。如果没有冲突，那么领导者反而应该高度警惕，因为机构就是为冲突而建的。

我们一定要强调这一点。在任何机构中，资金、管理时间、技能和资源总是有限的。不同产品、不同职能部门和不同区域必然会有不同的视角和侧重点。他们都在争抢同一资源库中有限的资源。不同部门之间随后展开的争夺之战也许是光明正大的，也许是阴险狡诈、卑劣肮脏的。总而言之，竞争和冲突无时不在。对于许多中层领导来说，真正的竞争并不在市场上，它就坐在隔壁的办公桌旁，竞争相同的资源和相同的晋升机会。

即便在你的团队内部，冲突也在所难免。良性冲突是一个健康团队的标志。它表明团队不会人云亦云，相反，你的团队有不同的技能和观点，需要的时候随时会相互挑战，甚至挑战你。如果缺少冲突，那你的团队成员只会人云亦云，想法完全相同。

既然我们承认冲突是任何机构中正常生活的一部分，我们就可以朝着应对冲突的方向迈出第一步。冲突涉及的不是人或性格，而是职位和优先权。

> "真正的竞争并不在市场上，它就坐在隔壁的办公桌旁。"

我曾经问过所有领导他们如何应对冲突。他们全都遵循了同一套原则：

- **永远不要回避冲突**。坦然接受冲突。冲突决定着哪些事情会优先处理，也决定着哪些决策会被制定。冲突能培养未来领导者的领导能力和人际关系技能。
- **不要将冲突个人化**。永远不要将冲突个人化，哪怕冲突的目的是那样也不行。要关注利害攸关的问题和利益，而不是人的性格。
- **保持冷静**。先观察事情真相，不要感情用事。你一旦发火，别人就不会再听你说下去。想一想你所敬佩的某位领导或者行为榜样会如何应对这种局面。有位领导将这称作"戴上领导的面具"。你可能内心已怒不可遏，但你需要戴上你理想中领导者的面具，用它来指导你的行动。

有些冲突偶尔也会变得情绪化，令人不快，因为人类不像电脑，人类有情感。这些事件发生的次数很少，却很危险。如果处理不当，就连无辜方都会受到牵连。在这种时候，可以遵循一个简单的模型。尽量记住：从 FEAR 到 EAR。

FEAR 人们直面敌意的自然反应。它也是我们第一次见到 CEO 之前的感觉。这种情感曾经对我们很有益，我们的祖先在面对一只剑齿虎时，它会提醒他们是战斗还是逃跑。不过，一看到 CEO 就想与之交锋或者逃之夭夭，这对你不会有任何好处。

错误的反应是让 FEAR 占据上风。FEAR 代表着：

Fight furiously（与人激烈交战）

Engage enemy emotionally（与对手情绪化对立）

Argue against anyone（与所有人争吵）

Retaliate, refute, repudiate reason（报复、反驳、失去理智）

如果这是你任职的最后一天，FEAR 倒是让你出口恶气的好办法。不过，将 FEAR 中的 F 取走，剩下的就是 EAR，而这正是你应该用来开始聆听的东西。EAR 代表着：

Empathise（设身处地地为别人着想）

Agree the problem（认同别人对问题的看法）

Resolve the way forward（解决问题向前看）

你会急于直接解决问题向前看，而这只会带来更多争论，对立面会反对你说的一切。你需要让他们平静下来，从

他们的角度看待问题。这并不是说你要拥抱他们，而是要运
用主动聆听的技巧，我们将在后面介绍这一点。你在聆听的
过程中，会更多地了解他们所面对的困难的真正本质以及他
们为什么感到危机重重。不要试图争辩，要试图理解。要赢
得一个朋友，而不是赢得一场争论。一旦赢得了一位朋友，
如果情感泡沫之下存在着重大分歧，你就有机会赢得争论。
只有找到你们两个人都认同的问题，才能开始寻找解决方
案。一旦你们就问题的根源达成一致意见，你就有机会找到
前进的道路。

25
应对危机

　　有些人很幸运，从未遇到真正的职业或商业危机。不过，大多数人都发现自己在职业生涯的某个节点上的确会遇到危机。那是一种孤立无援的感觉，只有你自己能够帮你走出危机。正是在机构的中层，许多少壮派领导都想全身而退，在佛蒙特州创办自己的素食农场。这很自然。最初的职业狂热劲头已经消失，通往顶端的漫长拼搏之路仍然没有尽头，这时又发生了别的事：压垮骆驼的最后一根稻草已经放到了骆驼背上。

　　成功与失败之间的区别有时就在于坚持。成功的领导者会化解危机，并且发现尼采的话是对的："任何事只要没有把你打倒，都能让你变得更强大。"而其他人此时正在农场上清扫有机肥料。

如何应对危机

1. 尽早承认问题

不要一再否认；不要回避危机，因为危机不会自行解决。

2. 掌控局面

明确目标；提出解决方案，而不是问题；要有计划。

3. 快速行动

避免因分析过度而没有行动；果断行动；关注结果。

4. 集中精力把能做的事做好。

要聚集干劲和信心，哪怕最初只是点点滴滴的小行动。不要担心你无法掌控的事：那不在你的控制范围之内。

5. 寻找到足够的支持

不要当孤胆英雄；要寻找到能够集中交付解决方案的人、资金、技能、权贵和支持者。

6. 反复沟通

排除恐惧、不确定性、疑虑与迷惑；语言表达要清晰明了，前后一致。用一个简单的故事来讲述你的目标和实现目标的办法。

7. 积极乐观

人们不仅会记住你做了什么，而且会记住你的行为，所以要成为其他人效仿的榜样。要为周围的人树立行为标准。

8. 不要责怪别人

一定要表扬那些提供帮助的人；不要回过头去分析问题，然后再责怪别人；要营造出一个积极乐观、以行动说话的文化，而不是一个由恐惧和无作为构成的文化。

续表

---

9. 要设身处地地为别人着想

要看清楚别人关心什么；管好自己的情感和恐惧；戴上领导者的面具，给人以信心和同情。

10. 充分利用好危机

危机也是机遇，能让你一举成名，在同事中出类拔萃，与众不同。你遇到的危机越多，就会更好地应对危机。

应对危机的最佳准备方法就是尽早养成韧性。对于 20 多岁的人而言，遭遇危机、面对失败不是件容易的事。但如果最坏的情况真的出现，他们可以东山再起，年龄虽然会大一点，但人也会更睿智。如果 20 多岁的人想从头再来的话，那么读一个管理学硕士学位是一条安全、体面的道路。

相反，如果是一位 40 岁的人，而且从未遇到过危机，那么他会遭遇一位 CEO 所说的"脆弱"信心——他们看上去不错，听上去不错，也显得信心十足，可一旦面临真正的挑战或危机，他们就会崩溃。他们没有备用选项可以依赖。他们辩称自己离开这场毫无意义的竞争是多么高兴，并且说他们一直梦想办一个有机农场，但他们的神情令人心碎。

"成功与失败之间的区别往往就在于韧性。"

许多毕业生培训项目都不会培养他们的韧性。这些项目虽然也测试毕业生对艰苦工作的接受程度，但那与韧性不同。"以教为先"项目是一个例外。优秀毕业生在英国一些最具挑战性的学校教两年书。这在某种程度上是一种残酷的经历。但这些毕业生养成了强烈的信心、韧性和人际交往技能，而这一切是他们的同学永远无法获得的东西，尽管那些同学收入更高，入职后的头两年每天盯着电脑屏幕进行债券交易或者进行研究。未来的领导者需要在他们事业的初期学会承担风险，了解逆境和韧性的重要性。人到中年再去尝试学会这些，这个任务就过于艰巨。

那些谈论如何应对危机的领导者也会谈论了解自己的重要性。有些人整天忙于工作，在工作中失去了自己的身份。结果，一旦危机袭来，一旦退休，他们没有任何东西可以依靠。他们已经完全依靠自己的工作，为工作而生活。我采访过的几乎所有领导者除了工作之外还都有非常活跃的其他生活。他们因此多了一层独立性，能够更好地应对挑战。

说到底，每个人都需要对自己有所了解。并非每个人都能当领导，也并非每个人都必须当领导。如果你更喜欢钓鱼，那就将注意力集中在钓鱼上。

26

商谈好预算和目标

成功的定义常常取决于你取得的结果。从逻辑的角度来说，这意味着你应该为取得最大成就而奋斗。但是成功还有另一种定义方式：

成功 = 结果 - 期望值

实际上，人们恰恰会运用这个公式来评判你。现在是MBO（目标管理）和KPI（关键业绩指标）的世界，而这两者是谈论期望值时宏大且正式的方式。这意味着你得为两个目标努力：取得成果，确定期望值。你得到的所有培训和支持几乎都与取得成果有关，而等式中的另一半，也就是确定期望值，几乎完全被人忽视。然而，期望值对于你是否有能力在别人眼里取得成功至关重要。一些初出茅庐的管理者经常接受一些"具有挑战性的"目标，因为这样做听上去很有男子汉气魄。相反，比较有经验的管理者会制定较低的期望值，然后很容易实现目标。

我们可以在下一张表中看到管理好期望值的重要性。那位初出茅庐的管理者接受了一个具有挑战性的目标，取得的结果也好于那位更有经验的管理者。但关键的区别在于那位有经验的管理者商谈好了较低的期望值。到了年终，那位初出茅庐的管理者发现，由于一些目标未能实现，人们对他的评价不高，还得给他提供大量补救性支持，而那位有经验的管理者虽然业绩略差，却得到了大笔奖金。我们可以在表中看到：

	初出茅庐的管理者	有经验的管理者
目标	150	100
取得的结果	125	120
结果减去期望值	−25	+20

你可能认为认真严肃的领导者会对这种游戏嗤之以鼻，但实际上所有领导都在玩这种游戏。你只需关注新 CEO 接任时会发生什么。他（顶级公司 95% 的 CEO 仍然是男性）干的第一件事就是把所有骷髅骨从橱柜里拿出来。他会描绘一幅灾难即将来临的画面，甚至还警告说公司会没有利润。幸运的是，他碰巧是英雄，可以扭转局面。他将期望值定得很低，然后可以超额完成任务，前提是他真如自己所声称的那样是一个英雄。

只要你是领导，就一定知道这种游戏，而且肯定亲自玩过。这种游戏必然也有正反两面。如果你是目标的实施方，你自然希望把目标定低。如果你是目标的制定方，你自然想把目标定高。你会听到各种理由，诉说目标定得不合理。许多时候，不合理恰恰能带来益处，而制定目标就是这种时刻。如果你制定的目标较低，那么可以肯定的是你取得的结果也较低——目标常常是自我应验的预言。

　　"如果你制定的目标较低，那么可以肯定的是你取得的结果也较低——目标常常是自我应验的预言。"

就预算而言，原理虽然相同，但情况刚好相反。如果你给别人确定预算，你自然希望把预算定低，以便让有限的资源用在更多的方面。如果你是得到预算的一方，你自然希望越多越好，这样才有资源来支撑你的各种目标。我们可以在下一张表中看出其中的不同。

	领导 制定预算与目标	管理者 接受预算与目标
预算	制定低预算	要求高预算
目标	制定高目标	要求低目标

制定与接受预算和目标本质上就是一种讨价还价，也只需把它们当成这样。领导就像顾客，希望花最少的钱买到最多的东西。管理者就像供应商，希望花最少的力气挣到最多

的钱（预算）。如果你接受年度预算周期的正统说法，那你
会发现自己非常背时。到了审议你的预算的时候，目标早已
定好，根本没有机会更改目标。

那么你该如何商谈好预算和目标呢？可以尝试以下
4 点：

1. 早出手
2. 讲述一个故事
3. 弄清楚整个过程
4. 管理好今年的业绩

早出手

赶在正式的预算周期开始之前就早早地确定目标。出手
早的话，就有许多周旋的余地。随着过程的推进，领导会做
出越来越多的决定，对你而言，影响结果的能力会变得越来
越小。你一定要主动出击，不要等正式的过程来找你。要从
第一天起就运用信息网络来影响整个过程。

讲述一个故事

把这个故事一直讲下去。你是自己领域内的专家，别人
必须花时间和精力才能进入你的数据中挑战你。充分利用好
这种知识上的不对等。要证明你的部门有一些特殊原因，明

年会遇到一些非同寻常、甚至前所未有的挑战，需要制定较低的目标和较高的预算。一定要收集到所有事实，免得轻易被人挑战成功。然后继续讲述你的故事，百折不挠地宣传你的事实。如果你保持沉默，什么样的预算和任务都有可能会落到你的头上。

"继续讲述你的故事，百折不挠地宣传你的事实。"

弄清楚整个过程

一定要知道预算周期什么时候开始，哪些人参与其中，大框架什么时候确定。一定要在合适的时候让合适的人知道你的情况，以确保对大框架有所影响。这里所说的合适的人很可能比你高两个级别，在这种情况下，你需要给他们准备一个简单的故事，在过道里碰巧遇见他们时利用 20 秒钟的交谈时间讲给他们听。一定要确保在过道里碰巧遇见他们，并且为此做好准备。要准备好与关键职员进行更详细的讨论，这些职员可能是财务或规划部门的，会推动自上而下的过程。不要等待这个自上而下的过程自行来到你身旁——到那时，为时已晚，你的命运在很大程度上已经确定了下来。

管理好今年的业绩

如果你今年成绩斐然，那么最高管理层会将今年的业绩用作明年业绩的基线。如果你今年创造了一些小奇迹，明年你就得创造一些大奇迹。一旦意识到今年的业绩将会非常出色，你或许想开始篡改一些数据——将成本支出提前，将一些确认的收入推后。创造一个明年可以接受的基线。

27

控制成本

有些领导很容易失败，原因就在于他们未能控制成本。出乎意料的超出预算，哪怕只是超出一点点，都是灾难，因为：

- 它表明你缺乏掌控：你在别人的眼中不再那么可靠
- 让上司感到吃惊，而上司不喜欢吃惊
- 会在整个机构内造成问题，因为整个机构都必须补上你的差额。

单凭控制成本是无法成为杰出领导的，但如果你无法很好地控制成本，你根本无法成为领导。下面是避免预算灾难的 10 条建议。

1. 将业绩前置

运用 52/48 法则。将目标定为上半年用 48% 的预算完成 52% 的业绩，继续用 52/48 法则，在前 3 个月中支配前 6 个月 48%的预算，来完成前 6 个月 52%的业绩。后半年的意外情况很少是好消息——这种 52/48 的法则可以保护你避免令人不快的意外情况。这也是驱使团队取得更好业绩的有效方法。

2. 评估现状

至少每个月要评估一次。如果任何部门进度落后，你需要尽早帮助他们，给他们鼓励。经常评估还能给整个团队传递一个信息，即预算原则对你和对他们都是优先考虑的事。

3. 尽早采取行动

如果预算的走向出现问题，应尽早采取行动。越往后推，情况就会变得越糟糕。你会越发显得失去掌控权，弥补差额的时间也就越少。

4. 运用财务，运用控制

欺诈和财务作假都是别人干的事……直到它们落到你身上。财务控制是件痛苦的事，却有着充分的理由。一定要与财务人员和内部审计人员交朋友，同时还要确保严格执行他们的管理规定。

5. 关注累计数额

累计数额会彻底破坏预算。如果当年晚些时候必须有一笔开支，最好现在就心中有数，免得这笔开支发生时让你大吃一惊。累计数额有一个习惯，人们平时不会注意它，可一旦注意时为时已晚。

6. 花钱时要有智慧

你知道自己到了年底会捉襟见肘，需要填补其他地方的窟窿。你的预算有可能削减。一些自由支配的开支首先遭到削减。如果你有一些重要的自由支配开支项目，比如团队去外地开会，千万不要拖到第四季度。

7. 给下属以压力

你的团队总有各种各样的理由，需要增加开支。必须制定一条基本原则：只要你能在别处找到经费，你可以花更多的钱。一旦有能省钱的机会出现，比如可以将预算内聘用某人的事推迟一两个月，那就千万不要放过。

8. 深藏不露

要有所保留。如果别人看到你在预算没有用完的情况下实现目标，那么很可能年中就会给你增加任务。你节省下来的钱将被用来填补其他地方的亏空。尽量不要过早让人知道你的成功，因为你会为此付出代价。

9. 处理好数字

对于如何确认成本与收入，以及某笔支出究竟属于资本支出还是目前支出，人们总是比较灵活。要将这种灵活性为我所用：年底资金短缺时，这种灵活性恰好可以助你一臂之力。如果你远远低于预算，可以用这种灵活性来减少年终的结果——这可以让你明年在较低的目标基线上快速起步。

10. 树立榜样

向大家表明你很在乎预算。自己用钱时不要大手大脚。关注应该关注的事情——不要试图控制大家使用复印机，要控制那些能给年终结果带来变化的数字。

财务控制为何重要

我们创办了一家新的慈善机构，雄心勃勃，但资源有限。于是我们将自己的一切都用来提供给核心服务项目。认为像财务这样的部门只是在浪费我们宝贵的资源，是毫无产出、开销费用高昂的部门。

直到某一个月我们开始改变看法，因为我们突然发现财务部门差一点错过发工资。我们的财务经理发现时已经为时太晚。于是我们决定应该找一位新的财务经理，应该多花点钱招聘到合适的人选。

新财务经理的能力比前一位强，但是还没有强到能够给自己开出未经授权的支票而不被人发现的地步。还算幸运，银行替我们发现了问题，我们得以逃过一劫。

于是我们决定在财务方面投入相应资金。我们的新财务主任似乎很有能力，而且作为财务主任非同寻常的一点还在于所有员工都喜欢她。这有可能与她顺带着向他们出售廉价音乐 CD 有关。我见到她时，看到她把大笔现金放在沙发下的鞋盒里。我问她为什么。她说，"这是我卖 CD 的钱，而我不太相信银行。最好把钱放在我看得到的地方。"

几星期后，她一反常态，没有来上班。当我们在新闻中看到她时，终于明白了她旷工的原因：她一直在协助一个持械黑帮抢劫银行。难怪她不信任银行。

续表

> 我们终于认识到，我们必须充实财务部门，让它变得刀枪不入。我们幸好采取了这样的措施：几年后，这一措施帮助我们发现了财务一名新雇员试图用假供货商发票骗钱。
>
> 只有别人才会遇上诈骗和财务方面的不法行为，真的吗？

28

在情况不明朗时做决定

大多数决定比较容易做，但并非所有。你偶尔会面对迷雾重重、模棱两可的高风险决定。这种迷雾出现的原因多种多样：

- 不确定性：并非所有事实都显而易见，做决定所需的条件可能不为人所知或者需要检验。
- 高风险：一旦做出错误决定，其后果无论是对公司还是对你自己都非常严重。
- 政治：某个决定会给机构的不同部门带来不同的结果，因此不同团体会开始为自己想要的选项据理力争。
- 多个视角：某个机会可能会有截然不同的解读，这取决于你从什么角度看待它，还取决于你采用什么标准来评估每个选项。

· **复杂性**：这是因为有太多相互冲突、相互重叠的选项。一旦面对太多选择，麻痹和迟钝便是正常结果。

面对这种迷雾，你该做什么？某位高管有一个简单的办法：他扔一枚硬币。他的理由是，既然某个决定位于两个选项之间的完美平衡点上，那么这两个选项一样可取。你不妨扔一枚硬币，做出决定之后就全力以赴地采取行动。但这个世界并非如此简单，你通常会面对一大堆选项，各自的影响、风险预测和成本效益不尽相同。你不是在拿苹果与苹果进行比较，而是在拿苹果与自行车进行比较。这两者没有可比性。

以下是高效领导们经常运用的一些技巧。

相信自己的判断

你是自己领域的专家，如果你不是专家，你就不应该在那里。我在辅导一些高管的时候发现，他们当中的许多人都为做决定着急。进一步询问后，我常常得知，他们其实知道应该做什么决定，但他们无法确定自己是否能够为进一步发展赢得足够支持，也无法确定他们是否能软化一些死对头。一定要仔细考虑是否真的很难做出这个决定，或者是否真的很难处理这个决定所涉及的政治因素。

"一定要仔细考虑是否真的很难做出这个决

定，或者是否真的很难处理这个决定所涉及的政
治因素。"

征求意见

征求意见有 3 方面的好处：

1. 与人讨论某件事看似简单，却经常能将这个问题变
得非常具体，你将为自己寻找到前进的办法。

2. 通过从另一个角度来看待问题，你经常会发现截然
不同的解决方案，或者发现更好的方法来构建某个现有的解
决方案。

3. 你在征求意见的过程中，会为前进的道路赢得支持。
一旦同事们参与了决策过程，他们更有可能会支持你，这远
胜于你只是将解决方案递给他们。

承担责任

如果你一味征求他人的意见，就会难以控制最终的决
定。你不能放弃承担做出关键决定的责任，除非你的准备是
软弱无能、失去权力和可信度的。征求意见没有错，别人的
意见能帮助你制定决定的内容，但绝不能让别人替你做
决定。

弄清问题真相

所有学生都学会了在考试时回答问题。因为他们至少知道考试题的内容。在领导艺术中，许多问题常常不会阐明清楚，你得自己弄明白是什么问题。一个好办法是问："谁想解决这个问题或者利用这个机会，为什么?"一旦弄清楚问题或机会所涉及的人、事和原因，解决方案常常会自己出现。只有在弄清楚评估每个选项的标准是什么，而且确定这些标准没有任何争议之后，你才会知道自己面对的是正确的问题。

要估计回报的大小

这是弄清楚问题实质这枚硬币的另一面，即要弄清楚希望得到的结果是什么。从回报大小的角度来评估每个选项。正如我们在前面所见，如果你能够将回报转化为财务数字，那常常有助于给这项决定所涉及的每个人制造一种紧迫感，并迫使他们全身心地投入进来。只有在知道每个解决方案的潜在益处之后，才值得去探索每个方案的风险和具体问题。如果一开始就关注风险和具体问题，你不仅会令自己感到沮丧，还会相信根本没有可行的方案。

不要追求完美

有一个办法可以确保你永远无法做出决定，那就是寻找完美的解决方案。我们生活在一个混乱的世界中，这里很少有完美。宁可寻找实用的，也不要寻找完美的。如果你在打高尔夫球，一心只想着能一杆入洞，那么你不会有太大成就。最好是一步步靠近目标，而不是希望打出完美的一杆。与此密切相关的是避免太多的分析。分析常常是一道烟幕，被用来避免做出决定。聘请顾问是一个好办法，可以拖延决定、转移批评、推卸责任，但却不是领导应该采取的行动。

> "我们生活在一个混乱的世界中，这里很少有完美。"

除了上述非正式的技巧，还有不胜枚举的正式决策工具和技巧。从贝叶斯分析法（可以用来进行大型投资决定）到分组集思广益，中间还有数不清的工具来帮助你做出决策：鱼刺图分析法，帕累托分析法，决策树，SWOT 分析法，成本效益分析，组合分析，力场分析法等等。每一种技术都有自己的领袖，也就是顾问：他们竭尽全力保护着自己这种独特方法与其他方法相比较时所具有的优点、价值和完整性。令人欣慰的是它们全都提供帮你构建思维的方法，运用得当的话或许还能将决策者聚集在一起，带来全新的认识，或者达成一致意见。运用不当的话，你会受制于别人的决策过程。只要对你有帮助，就运用这些工具，但是不要运用它们来避免做决定。

29

制造自己的机器：成功的节奏与惯例

你需要一台机器才能取得成功。人员、金钱和计划固然重要，但如果缺少一台机器，你将无法快速取得任何进展。

领导艺术是一台机器，它有 7 个部件：

1. 项目管理
2. 战略规划
3. 信息管理
4. 绩效管理
5. 发展计划
6. 补偿与奖励计划
7. 交流

如果你看到上述清单并且怀疑它看上去更像管理学的内容，那么你这种怀疑有一定的道理。作为领导者，这台机器既可以提升你的能力，也可能将你困住。你必须知道自己与这台机器之间的关系。

将所有时间用来处理领导艺术这台机器的 7 个部件其实很容易。你将忙于处理常规事务和出乎意料的情况。只要将这台机器操作好，你就会非常有成效，但只是作为一名管理者。

作为领导者，你的角色不是操作这台机器，而是制造它，并且确保它按你的意愿运行。如果这台机器不按你的意愿运行，那就得由你来决定是否改变它。例如，如果你既没有处置权也没有权力来更改绩效管理系统，但通常情况下，你有权力去修改执行该系统的方式。作为领导者，你必须确保你是机器的主人，而不是它的奴仆。

我们将简单分析你如何制造这 7 个部件来满足你的需要。

1. 项目管理

项目管理触及了愿景的痛处。你将不得不应对大量日常噪声，不过你还是可以做出一两个决定，带来一些变化。你需要将重点放在这些决定上。

作为领导者，你偶尔也不得不直接掌控某个项目，这其中所需技能已经在第 23 章中有所介绍。但是与大多数项目相同，你在项目管理中的作用不是事无巨细的事必躬亲。你的工作是为团队取得成功创造条件。这意味着你应该把重点放在：

- 确保团队有正确的目标并且得到正确的资源和支持。这一切都应该发生在项目开始之前：80%的成功取决于团队正式开始工作之前的 5% 的努力。

- 确保团队没有用错人。一流的团队能够化腐朽为神奇，二流的团队则是压力、危机、表现不佳的代名词。

- 为团队提供保护。作为领导者，你可以为团队应对来自高层的政治阻挠，为他们清除路障，铺平道路。

- 提供正能量的治理。你必须监督项目进展，但不必成为控制狂。最出色的领导者在制定目标时可能显得不近人情，但是对于实现目标的方式却比较通情达理：他们不允许别人就需要完成的工作以及期限与他们讨价还价，但是他们会任由团队自行决定如何完成任务。

- 一定要权力下放。当团队试图将所有问题推给你时，你可以将寻找解决方案的责任分派给他们。给他们授权，也对他们进行问责。

2. 战略规划

每一位领导都知道何时应该守规矩，何时可以打破规矩。你所在公司制定规划的正式过程便是开始打破规矩的理想机会。

制定规划的过程为你提出挑战提供了框架。如果你只是按部就班地遵守流程，你就会被体系以及捍卫该体系的人（即战略规划者）所束缚。你很可能得不到想要的结果，因为：

- 今年的战略是明年战略的最佳风向标。这意味着你能够行使领导权的范围很有限，也很难带领团队取得他们自身难以取得的成就。

- 今年的预算也是明年预算的最佳风向标，但是会进一步降低成本，提高收益或产量。你会被要求以"更快、更好、更节省"的奥林匹克精神来经营公司。作为领导，你不想跑得更快，你想奔向另一个方向或者买一辆自行车。你需要修改交战规则。

对于领导者而言，制定战略规划的过程是一场必须要打而且必须要打赢的战斗，因为这个过程决定着你的命运。它决定着你用什么资源取得什么成就。打赢战略规划这场战斗的方法就是遵循威尔士橄榄球队过去一直奉行的不成文的座右铭："先下手为强。"率先出击，出手要狠，而且要连续出击。如果你有清晰的计划，那你需要在制定规划的过程正式启动之前首先将它兜售给具有关键影响力的人和决策者。

你的目标是确保最高管理层给规划人一些能够满足你需求的规划设想。这些规划设想将成为整个规划过程与辩论的框架。一旦这些设想得到确定，你就已经入围了。这些设想不是凭空想象出来的，它们通常是高层广泛讨论的结果，议题就是公司应该优先考虑哪些问题。如果你希望这些设想对你有利，你就要使目标与最高管理层的目标和当务之急的事情保持一致。如果高层认为你是在帮他们实现他们的大目标，那么你自然会得到支持和预算。

一定要确保是你在控制这台机器，绝对不能让这台机器控制你。

3. 信息管理

生意场上有一条公认的真理：你测量的是什么，得到的就是什么。你的机器测量出什么是对的，然后在正确的时间给你提供正确的信息。

下面四种信息是你需要从机器那里得到的：

· 财务信息。本书第 26 和 27 章介绍了如何管理预算和成本。财务信息至关重要，但也有两大缺点。第一，管理层擅长于玩弄体制。你必须绞尽脑汁才能发现新闻标题数字背后的真相。第二，财务信息总是向后看。如果总是盯着后视镜，你无法将车驶向未来。在实践中，你需要信息来帮你理解未来，而信息通常来自对市场的分析。

- 市场信息。信息很有用，情报则更好。作为领导，你既需要市场信息，也需要情报。市场信息能告诉你市场规模、市场份额、竞争和客户等的趋势；好的销售漏斗能告诉你对市场的近期展望。它将告诉你发生了什么，但不会告诉你背后的原因，也不会告诉你未来会有什么变化。这更像定性情报，让你知道竞争对手在规划什么、客户如何评价你们，以及客户如何使用你的产品和服务。这种情报便是原材料，能够让你决定如何打造未来。

- 运行信息。关注内部一些重要的成功迹象。你得确定哪些关键数据对你的机器重要。这些数据可以是周期时长、单位成本、产量、使用率、员工流失率和质量。运行信息应该与你的战略重点相一致。

- 关于未来的信息。这就像金粉。有些来自出色的市场情报，但也有一些来自公司内部。你的机器需要现在就适应未来。这意味着你需要一个集研究、测试、新计划、新项目于一身的管道，帮助你开发下一代产品和服务。

这四种信息看似与传统信息管理系统截然不同，因为传统信息管理系统总是在财务数据方面做得很出色，其他信息则很弱。有太多的管理信息系统表现得像一位醉汉，房门钥匙掉在了树林里，却在路灯杆下寻找钥匙。如果仅仅在容易的地方寻找，你既找不到钥匙，也找不到重要信息。你有时必须在难度很大的地方寻找。实际上，管理信息系统这台机器无法给你提供太多你最想要的信息。要想寻找到所需的信息，你必须动动腿、动动嘴。在外人眼里，你好像是把时间浪费在了闲聊上，但这种时间并没有真正浪费掉。军中有句古老的格言叫作"侦查不误作战"，出处众说纷纭，有人说源自中国战略家孙子，有人说源自比孙子晚了 2500 年的隆美尔元帅。要与员工、同事、供货商和客户保持沟通。

如果你完全依赖这台机器，你就会成为它的奴隶。一定要超越这台机器去寻找你最需要的信息。

4. 绩效管理

每家公司都有正式的绩效管理体系。这常常是一种当众受辱的体验：每一位下属扮演儿童角色，而上司则扮演一位成年人，分别表扬或批评他们的表现。改变绩效管理体系不值得你去争取，除非你有权对它进行修改。你需要应对其他战斗，所以你只能尽量用好现有的体系。

作为领导，最佳绩效管理并不是通过公司正式的绩效管理过程实现的。绩效管理每天实时发生。绩效管理要想行之有效，就必须区分学校里所称的规范性评估和形成性评估。

规范性评估比较传统，它告诉人们干得不错或者不好。从根本上说，你按照最高分 10 分给他们的表现打分，与学校里一样。将自己的团队当作小学生来对待可不大好。

形成性评估所重视的不是团队取得了什么成绩，而是团队如何做成了某件事以及如何可以做得更好。它所带来的是一种更具建设性的成人与成人之间的对话。它将绩效管理与发展合二为一。

如果你采用的是日常绩效管理，那么你的正式系统仅仅是在做记录，只是将你们已经讨论过或者同意的事记录下来。

作为领导，你或许无法改变系统，但你可以修改系统的工作方式，让它符合你的需要。

5. 发展计划

笔者在撰写本书的过程中进行过研究，询问过数千人他们想从领导那里得到什么。笔者得到的结果在别处也得到了验证。另外这项研究还包含了一个问题，能够毫无例外地准确预测某位上司在大多数领导艺术评判项中得分是高还是低。这个问题如下，能够确定你的下属是否认为你是个好领导：

"我的上司关心我，也关心我的职业生涯"（在一张5分制表中填写"同意"／"不同意"）

如果你能展现你关心团队每一位成员，那么你将是大家想跟随的领导，而不是他们不得不听命的上司。

要想展现你是否关心某一位团队成员的职业生涯，这远不止一年一次讨论发展计划那么简单。你得明白每个人想要什么。我们知道雇员和雇主都不指望他们之间的雇佣关系能够天长地久。因此，不要要求他们对你百分百的忠诚或者对工作充满百分百的激情，要表现出你理解他们有什么人生规划。你只是他们成功的垫脚石：要帮助他们走上下一个台阶。只要把这一点做好，他们大概就会决定跟随你。

6. 补偿与奖励计划

补偿不仅不会让人高兴，还会让他们满腹牢骚。就算你给某个团队成员一笔超大的奖金，他们对你的感激之情也只会持续到这笔钱在他的银行账户上兑现那一刻。但如果团队成员没有得到他们的期望值，他们的反应远不止满腹牢骚这么简单：你会失去他们对你的信任与信心。这意味着你不能依赖这台机器给你带来你想要的东西，即有动力、全身心投入的团队成员。盲目地墨守成规无法让你管理好补偿机制，只有将大家的期望值管理好才行。能力差的领导会空口许诺待遇、回报和晋升。他们会说"我会尽力的……我将竭尽全力……我研究一下"此类的话。这不管用，因为说者无心，听者有意。人们听到的是你会竭尽全力去促成这件事。当你回来告诉他们"我尽力了，但是……我竭尽全力了，可是……我研究过了，但是……"他们根本听不进你的这番托词。你将失去所有公信力。

不要隐瞒真相。尽早就期望值进行艰难的交谈要比之后借用各种托词进行无法维持的交谈要好。只要以诚待人，再艰难不过的交谈都能重建公信力与信任。这可以是一次富有成果的交谈，你与团队成员们一致同意他们需要做什么才能实现他们的奖励与晋升目标。

7. 交流

我们的前辈深受信息过少之害，而今天这代人又深受信息过多之苦。人们的交流越来越多，造成信息过剩的局面越发严重。我们的交流虽然超过以往任何时候，但我们相互之间的了解却依旧少之又少。你很可能将一整天时间都花在了电子邮件和各种会议上（而且经常是同时进行），结果却一事无成。工作与生产效率是两个不同的概念。

交流是头猛兽，领导者必须为交流和会议制定出清晰的节奏与惯例，只有这样才能驯服这头猛兽。第一步可以严禁或者减少使用电子邮件。电子邮件有两个主要问题：

- 谁也不会通过电子邮件来建立信任与理解。对于相互了解而言，面对面的交流，哪怕是视频会议，也比电子邮件远远好得多。当你与人进行实时交谈时，你可以看到对方的反应，或者至少能够听到对方的反应，然后就能快速消除误解。

· 电子邮件是私人交流渠道。如果交流不是实时而是异步的，那么开放式交流通常要比封闭式交流好。大多数公司正逐步转向使用开放式交流平台，比如"网络信使"和 Slack，团队所有成员都能轻松听到在线交谈。这既避免了举行多次单独交谈的需求，也避免了随之而来的误解。

除此之外，你需要为在"什么时间与谁讨论什么"制定出节奏与惯例。项目管理中的一个简单方法是每天的 YTB 短会。每个人都站着开会，缩短会议时间，并且在 60 秒内总结 3 件事：

· 他们昨天干了什么？（Y）

· 他们今天要干什么？（T）

· 他们可能有什么障碍（B）：他们可能在这些方面需要得到你或者其他人的帮助，而大家可以作为一个团队来集体讨论。

你可能只需要每周开一次这样的会议，那么它可以是 LNB 会议：上星期（L）、下星期（N）和障碍（B）。

第四篇

成功所需的技能：
领导者的知识与技能

导　论

　　如果你观察领导们整天都在忙什么，那么你会发现他们与大家相差无几：他们与人交谈，参加会议，写电子邮件，阅读报告，超负荷长时间工作。身处公司底层的人很少会因为未能出色完成这些日常任务而痛苦，但是在公司顶层，风险却要大得多，糟糕的会议、报告或电子邮件所带来的后果也要严重得多。因此，将普通的事做得不普通能让你受益匪浅。

　　人们自然会认定你能够做所有这一切。我们都接受过漫长的教育，都知道如何阅读和写作，不是吗？作为职业人士，我们都知道如何将会议开好，如何作好报告，不是吗？

　　现在想一想你收到的那些糟糕的电子邮件和浮夸的报告；想一想那些你真希望自己没有参加的会议；想一想那些你不得不忍受的枯燥的报告。看似只有我们会阅读、写作、作报告，别人都不会。我们必须放下身段，承认我们也是

"别人"中的一部分。

目前对基本知识和技能的要求还比较低，这也为领导者出人头地、制定标准创造了极佳的机会。要做到这一点，我们就必须放弃在正式教育中学到的许多东西。将商务报告写成一篇学校论文固然不是件好事，但是用商务术语堆砌成一份商务报告同样糟糕。

本书这个部分介绍如何掌握领导所需的基本技能：阅读、写作、主持会议、作报告、处理好数字。但我们首先需要讨论时间管理：时间是你最宝贵的资源，因为时间只会越用越少。

30
运用好时间

时间是我们最宝贵的资源。我们只能使用一次，因此我们应该将它用好。这在工作中意味着你必须从战略和战术的角度来思考如何将时间用好。

聚焦 3 个问题就能用好时间：

1. 我想达到什么目的？
2. 我如何才能让别人帮助我？
3. 我的作用是什么？

我们将会看到，这些问题看似非常的熟悉。

我想达到什么目的？

这是对你的想法的回报。必须知道自己想得到什么，然后再为此全力以赴。你仍然需要应对工作场所的日常杂音，但千万不要被这些杂音所淹没。

时间运用得好吗?

在 19 世纪,一位业余科学家成功搭上了顺风船,乘坐一艘皇家海军军舰,环游全球。他花了大量时间上岸拜访朋友的朋友,追求自己的科学兴趣。几年后,他回到英格兰,继续虚度光阴。他看似没有多少成果:他从未有机会掌握跟踪某个会议、查看电子邮件、发短信、时刻了解各种新闻的技能。多年后,他在别人的鼓励下出版了他那次航行以及之后的研究成果,这本《物种起源》永远彻底地改变了科学,也改变了我们对自己的看法。查尔斯·达尔文在"贝格尔号"上的航海经历是人类历史上最富成果的科学之旅之一。

与当下高管们超级活跃、身兼数职的时尚潮流相比,达尔文肯定落伍了很多,但他却取得了更大的成就,因为他更加专注于自己的目标。

千万不要把活动和成就混为一谈。

我如何才能让别人帮助我?

对你而言,可用的工作时间只会受到预算以及同事人数的制约。那些试图证明自己、独自亲力亲为的孤胆英雄很快就会精疲力竭、身心俱疲、逃离战场。一定要寻找帮助,寻找支持,把时间变成你的有利条件。

我的作用是什么?

我们已经看到,如果你有一个非常出色的团队,什么都替你干好,那么你会遇到一个问题:你的作用是什么?你在哪里增加价值?只要能回答出这个问题,你就会发现自己效率非常高。一般来说,有些事情只能你做,不能授权给他人。这些事情包括确定方向;挑选、指导和支持你的团队;必要时提供政治庇护;为团队争取到恰当的预算和资源支持。

"专注于正确的目标,有正确的团队,自己要发挥正确的作用。"

时间战略可以被总结为:专注于正确的目标,有正确的团队,自己要发挥正确的作用。只要能做到这一切,你就有机会在没有太大压力的情况下不断取得成果。

时间战术

这里的目标不是力图在 8 小时内完成 12 小时的工作,而是在 8 小时内取得 8 小时应该取得的进展。只要能做到这一点,你就远远领先于大多数同行。平常每个工作日都会有大量时间浪费,尤其是办公室工作,因为那里的工作效率很难计算却很容易掩盖。

关于时间的有益建议

1. 制定明确目标

一定要知道自己这个月、这个星期和今天想要做什么。定期评估目标，确保自己没有偏离目标，并据此确定优先重点。

2. 保留一个"待办事项"清单

将目标转化为每一天的具体行动，然后在当天结束时进行检查与评估。一定要保证所办的都是紧迫、棘手的事项，而不是那些容易、次要的任务。

3. 化繁为简

重大任务常常让人望而生畏，所以人们自然会避而远之。但即便是最大的任务也能分解成简单的小步骤。先化繁为简，然后再开始逐一解决每个简单步骤。

4. 制定短周期时间表

专注你 30 分钟或一小时内能做的事。也许只是打几个重要电话而已。电话打完后，将该任务从"待完成事项"清单中划掉，然后犒劳自己一杯茶或咖啡。

5. 休息

任何人都无法永远不间断地把工作做好。人需要短暂休息，才能保证体力和精力。每小时休息 5 分钟能帮你得到每小时 55 分钟高质量的工作时间，而不是 60 分钟低质量的工作时间。

6. 尽早经历危机

虽然天天赶工期这种生活可能很刺激，甚至看似活力四射，却是在浪费时间：你不是在进步，而是在灭火。只要提早完成任务，你就掌握了主动，仍然能够应对最后一刻突然出现的紧急情况。

续表

---

7. 一次性做好、做对

返工既浪费大量时间也浪费大量精力。将目标定为一次性处理好每一份文件、每一封电子邮件——处理好，然后干下一件事。可以用"3D"法处理每一封电子邮件：处理它（deal with it）、删除它（delete it）或者委托别人处理它（delegate it）。

8. 控制好时间

时间窃贼无处不在，总是在你不便的时候用一些不重要的会议偷走你的时间。一定要做到在你方便的时候参加相关的会议，避开其他会议。

9. 管理好自己的环境

如果你生活在乱糟糟的环境中，那么找不到的文件和办公桌上让你分心的东西会消耗掉你的时间。

10. 问题与挑战

回顾一下自己的时间是如何度过的。记一份时间日志，看看自己真的做了什么，用了多少时间应对不同意见，浪费了多少时间，又用了多少时间主动推进自己的计划。根据结果来改变自己的习惯。

世上有 3 种浪费时间的独特方式：办事拖沓，分心分神，身兼数职。

办事拖沓

办事拖沓指避重就轻，躲避重要或艰巨的任务，只干那些轻松容易、不重要或不相关的事。你自欺欺人地认为自己非常忙碌，却没有任何真正的成绩。你的"待办事项"清单应该让你坦诚面对现实，而将艰难的任务化为简单的步骤则会给你更大的帮助。

分心分神

办公技术只要运用得当，可以大大提高我们的效率，可一旦运用不当，也会彻底毁了工作效率。社交媒体、新闻推送和买卖物品显然都会让你分心。更加令人厌恶的或许是办公效率工具，总是在要求我们去干不应该干的工作。作为高层领导，你应该将 PowerPoint 交给更精通、动作更快而且成本更低的人去做——如果你想花大量时间做 PowerPoint，那么你可以利用业余时间来做，或者找一份做 PowerPoint 专家的工作。

> "办公技术只要运用得当，可以大大提高我们的效率。"

身兼数职

身兼数职行不通。如果你不信，可以走到街头，观察某人同时又发短信又走路：结果什么都干不好。你只能希望不会遇到什么人同时又开车又发短信。你一天当中可以管理十项任务，但无法同时管理它们。你只能一次处理一项，按需要在它们之间切换。你可以按先后顺序应对多项任务，但无法同时处理它们。

31

培养口才

班巴拉人是马里最大的农耕部落。他们大多是文盲，却将言语敬若神明。他们说："言语在人们的心中创造出了全新的世界；言语让人动手做事；言语将人类与动物区分了开来。"言语有着非凡的力量。班巴拉人说，应该像铁匠那样精心锤炼言语，像织工那样精心编织言语，像鞋匠那样精心修饰言语。毫不奇怪，他们非常看重制约人们说话方式的东西——宁可说得少而精，也不要夸夸其谈。

言语在管理界也有着与其在班巴拉部落中相同的力量。我们在其他章节中介绍了交流、激励、影响和一对一指导的艺术，在本章中将探讨向一大群人说话这一具体挑战。对于崭露头角的领导者而言，这些活动能够让他们充分展现自己，能够对他们在大家心目中的形象产生与活动本身不成比例的影响。有些人对这类活动感到恐惧，只能勉为其难地力图创造亮点。那些认为自己天生就具有超强煽动力的人，却常常在陈述时表现得更糟。一旦学会有效展示自己的基本技术，每个人都能从中获益。

说话要有成效

众所周知，听众更有可能记住你，而不是你话中的信息。在许多方面，你就是信息。因此，如果你说话含糊不清，衣着打扮像个流浪汉，像喝了酒的钟楼怪人加西莫多那样佝偻而立，你的信息再怎么精彩，听众也会充耳不闻。相比之下，如果你能记住交流中的 3 个"E"，就连枯燥的信息也可能传递得很好：

- **E**nergy（活力）
- **E**nthusiasm（激情）
- **E**xcitement（刺激）

"听众更有可能记住你，而不是你话中的信息。"

正如很难排练即兴演讲一样，这 3 个"E"也很难假装出来，但有些东西还是能助你一臂之力。这些"应该做的事"包括：

- **扔掉讲稿**：如果拿着讲稿说话，你听上去会显得僵硬刻板，在更糟糕的情况下会显得像个政客。相反，你应该记住讲稿的开头部分，这样就能有一个很好的开场白。你应该记住结尾，这样就能有一个不错的结束。你应该记住一些精妙的短语，插入到讲话中，将每个短语用作讲话中不同部分之间的标记。这样既可以保证讲稿原有的结构与顺序，还可以让你听上去自然流畅。

· **不要使用复杂的幻灯片**：如果你有幻灯片，那么原则是幻灯片要做得笨一点，但讲话的人要表现得聪明一点。幻灯片可能有三四个关键词，可以帮助听众确定你说到什么地方，而你则提供解说。如果幻灯片做的非常出色，把一切都解释得清清楚楚，而讲话的人又笨嘴拙舌，只会照本宣科，还把幻灯片上的内容念得比听众看的还要慢，那才是一场噩梦。

· **站立时要将重心放在前脚掌上**：鞋后跟与地面之间要能划过一张纸条。如果将身体重量压在脚的后半部，你会显得无精打采、缺乏活力。

· **上台前尽量站着**：如果说话前一直坐着，你的整体活力就会下降。你很可能会经历肾上腺素突然猛增，结果身体出现过度补偿现象。

· **要吸引听众**：要与听众保持眼神交流，不要一直紧盯着前方不远处。美国伟大的传教士比利·格拉厄姆在这一点上可谓出神入化。即便是面对一千名听众，他也会挑选一些听众，与他们有短暂的眼神交流，让他们觉得他是在单独对他们说话。结果，谁也不敢打盹。

- **不断改变讲话的速度和音高**：说到某个重点时，要敢于放慢语速。要让听众有时间听到关键点。
- **说话要简单**：最多着重传递一两个信息。如果听众较多，将焦点放在你想影响的一两个关键高管身上。这样一来，你可以将注意力集中在要传递的信息上，去掉多余的素材，讲述一个简单的故事。

如果增加两个"E"，上述三个"E"会更加强大：Expertise（专长）和 Enjoyment（乐趣）。如果你是演讲主题方面的专家，那么你更应该放松自己，从自己所说的话中得到乐趣。如果你从中得到了乐趣，那么你的听众也会从中得到乐趣。如果连你自己都不喜欢，那就不要指望听众从中得到乐趣。你不妨做一个试验。试着给人介绍你们机构中成本分配系统如何运作，看看自己是否会比听众先睡着。现在试着讲述你个人或职业生活中最难忘的一件事。你自然会展示所有五个"E"：活力、激情、兴奋、专长和乐趣。如此简单的练习足以证明我们人人都能把话讲好，只是需要将技巧转移到大舞台上。

作报告

1. 展示活力、激情和刺激

　　如果你对自己的话题缺乏激情，别人更不会有。只有享受讲话的过程，你才有机会让别人也从中得到乐趣。

续表

2. 内容要有针对性

一定要弄清楚是谁听报告，他们需要听什么，以及他们为什么需要听你说。这样一来，你就能减少并简化要传递的信息。如果听众较多，要将信息集中在一两个你最希望加以影响的人身上。

3. 讲述一个故事

告诉听众"这是我们的现状，这是我们的目标，这是我们达到目标的方式"。从一开始就把故事讲清楚。紧紧围绕一个人人都能记住的简单主题展开。

4. 吸引听众

至少每次要关注一名听众，与之进行眼神交流。最好与听众进行互动，向听众提问并回答他们的问题，开展一些小组活动。

5. 说话要简洁

并非说完了一切，你的报告才算完整，完整的报告应该是言简意赅。要把焦点放在针对目标听众的核心信息上。

6. 摒弃幻灯片

如果必须使用幻灯片，那就必须有聪明的报告人将写有三言两语的简单幻灯片栩栩如生地描述出来。尽量避免制作包含大量数据的精美幻灯片，然后任由一名笨嘴拙舌的报告人慢慢将其念出来。

7. 在准备过程中寻求帮助

找一位指导，他能够告诉你听众会是谁，以及他们想听什么内容。请一位编辑审阅你的幻灯片。如果有必要，接受演讲技巧方面的辅导，并请人帮助修改讲稿。

续表

8. 练习，练习，再练习
熟能生巧。同一个报告练习了很多次之后，你自然会信心渐增，应付自如。你可以放松下来，从中得到乐趣。
9. 提前到达
要确保所有后勤工作和会场布局没有任何问题。准备一台备用电脑或 U 盘。与主办方最后一次核对报告内容是否符合听众的期望。弄清楚开讲前发生过什么事，做好按要求调整内容的准备。
10. 善始善终
写一个开场白，这样一来，无论你内心多么紧张，都能有一个良好的开端。写一段结束语，将结尾带入高潮，而不是"有问题要问吗?"。写一些妙语，用来开始和结束报告的各个部分。

32

让会议发挥作用

会议是工作或责任的美妙替代品。会议也是管理工作的本质所在，不仅费时，还影响深远。举办高效的会议是值得的，因为这样的会议可以将浪费的时间最小化，并将会议影响最大化。现在不妨想一想，你参加过的会议当中真正高效的会议占多大比例？你或许很幸运，如果是，那就直接进入下一章节。但你或许像大多数管理者一样，一天之中有限的时间大多都耗在了低效的会议上。

"会议就像甘草什锦糖，形式多样，大小
不一。"

会议就像甘草什锦糖，形式多样，大小不一，既有非正式的一对一小会，也有大型会议，既有正式的董事会决策会议，也有员工集思广益的小会。为简洁明了起见，我们暂且不在这里花时间探讨每一种会议的形式。

高效的会议可以归结为 3 条原则：

1. 目标正确

2. 人员正确

3. 过程正确

探讨高效会议过程的论述多如牛毛，所需的纸张导致许多森林遭了殃。我们还是节省几棵树，主要探讨"人员正确"和"目标正确"这两个方面吧。只要人员和目标正确，你就已经成功了 80%。如果两者皆无，你会 100% 失败。

人员正确与目标正确

在开了一整天无聊透顶的会议之后，我的一位导师迪恩显得非常高兴。我问他哪儿不对劲。他应该像我一样显得不高兴。他解释说他为所有会议制定了 3 条原则，无论是主持还是参加会议都会用上这 3 条原则，而这样做每次都能帮他得到好结果。从那时起，我就一直将这些原则当作自己的座右铭，确保会议目标正确，人员正确。适用于任何会议的这 3 条原则是：

1. 我想了解什么？

2. 我能贡献什么？

3. 接下来会发生什么？

我们来看看迪恩的这些原则如何应用在参加会议和主持会议上。

参加会议

迪恩那天去开一整天会议时有自己非常清晰的议程，而且这些议程与会议的正式议程没有什么关系。他想与三个人交谈，但这三个人都很难见到。他想从他们那里得到一些信息和点子。这便是他的"了解"原则。他还意识到，这次会议让他有机会在一个议题上影响 CEO。他等待时机，然后果断地在那个重要议题上发声。由于他很少说话，所以一开口便吸引了大家的注意力。他由此实现了"贡献"原则。凭借清晰的"了解"和"贡献"目的，他与 CEO 和他想认识的那三个人有了一系列后续交流。别人离开会场时都很沮丧，因为正式议程一无所成。迪恩离开会场时非常高兴，因为他去参会时有清晰的意图和目的，而且他达到了目的。

主持会议

迪恩也将这 3 条会议原则用在了他所主持的会议上。他用这些原则来决定谁应该出席会议。他希望每个人都能有所贡献，都能有后续行动，都能学到一点有用的东西。大家能够以多种形式为会议做出贡献，比如具有决策权、具有专业知识、拥有可以贡献的资源等等。

千万不要经不住诱惑去追求"人多保险"，认为参会人

数越多越好。人越多，会议的效率就越低。高层管理者希望
自己的跟班也能参会，因为这些跟班掌握着详情；跟班们自
己也希望参会，这样就能让高层管理者认识他们。高层管理
者如果不掌握详情，就不应该参加会议。他们或许根本就不
应该当高层管理者。

　　"千万不要经不住诱惑去追求"人多保险"，
　　认为参会人数越多越好。"

　　大家甚至可以在高层会议上见到这种"人多保险"的心
态。正式的讨论通常会变成 CEO 与各位董事之间的一对一
讨论。每一位董事都是"共进共退互保协会"的正式签字会
员。会员们只有一条规定，那就是"只要你不踩我的草皮，
我也不会踩你的"。因此，根本就不存在集体讨论。相反，
每位董事与 CEO 玩一场你来我往的智力游戏，其他董事则
一面观战，一面等待着轮到自己与 CEO 过招。

　　迪恩不允许出现这种局面。他会将自己的 3 条原则，不
仅运用在整个会议上，还单独运用在每一个议项上。如果某
一个议项最好是双边讨论处理，他绝不会安排集体讨论。这
样一来，他的会议规模不大但非常有效。同样，每个人都知
道会议肯定有成效而且与自己有关，因此他们都会特别重
视，都会专程参会。

过程正确

确保人员正确和目的正确对于会议的成败至关重要，还有助于确保会议过程正确。

高效的会议采用与广播电台的"只讲一分钟"游戏相同的规则。这种游戏的目的是让人就某个特定话题说上一分钟，中间不得出现犹豫、跑题或重复现象。游戏的难度很大。同样的规则适用于会议过程——要控制好会议，不得出现拖沓、跑题或重复现象。

拖沓

拖沓的原因在于会议开始得较晚。一些高层人士最后一刻露面或者迟到是司空见惯的事。这表明他们很忙。他们的时间比你的时间重要，所以你可以等待。

他们可能是在回复电子邮件，也有可能是在练习班卓琴，但他们仍然希望你等他们。客户迁怒于供货商，专业人士迁怒于客户，呼叫中心的员工迁怒于呼叫者，管理者迁怒于手下员工——这些都是无礼的行为。你得容忍这些。要不然，就在办公室里挂一个时钟，这样至少可以让那些不知羞耻的人感到一丝愧疚。作为领导，你可以以身作则：一定要准时，让大家知道时间是宝贵的，每个人都应该得到尊重。

"一定要准时，让大家知道时间是宝贵的，
每个人都应该得到尊重。"

拖沓的原因还在于会议安排不够紧凑。尽量缩短会议时间，以便强行加快会议节奏。不一定非得坐下来开会。英国枢密院总是站着开会，女王主持（或许也是站着）每一次会议，她现在已是超过 90 岁的高龄了，这个好办法可以让那些说话啰嗦的政客们缩短发言的时间。

有些时候你绝不能拖沓，也绝不能因为会议被迫中断而受到干扰。领导们应该保持全神贯注。我在马尼拉学到了这一点。那恰好是经常停电的时期。第一次停电时，屋里一片漆黑。我当时犹豫不决，结果大错特错。第二次停电时，我继续发言，仿佛什么都没有发生。讨论在一片漆黑中继续进行。

跑题

跑题是造成拖延的常见原因。人们会偏离主题，或者对一些细节刨根问底。好的会议主持绝不能让这种情况出现。如果你在会议一开始就定下了"只讲一分钟"的规则，就很容易挑战爱跑题的人；你甚至可以在会议召开期间记录每个人发言的时间长短。这样至少可以让大家像报纸栏目那样先报出标题再讲内容。大家只要听到标题就会知道内容是否值得一听或者一读。这也迫使发言的人在跑题前必须思考自己

235

想要说什么。

重复

重复通常发生在有人认为自己的话没有被别人当回事的时候。于是他们一次次、一遍遍回到同一个话题上。人们转动眼珠，脸上一副怀疑的神情，这让发言人更加深信别人没有听懂他的话。不要在听到别人重复时转动眼珠。把发言人的话换个说法说出来，证明你听到了他的发言，这样可以证明你在聆听，他们可以因此闭嘴。万一他们再次提出相同观点，你就把自己刚才转述的话再说一遍。哪怕是最愚笨的参会者也应该意识到别人已经听懂了他的意思，他只是在一味重复观点。

正确的环境有助于确保会议有正确的过程。光线暗淡、通风不好的房间不利于会议的进行。房间里的座位布局不一定非要依照原有的样子。安排会议这么多年之后，我已经成为搬动家具方面的专家。人们如何就座影响着会议的活力。提供茶和咖啡是件好事，但如果会议室后方飘来了热饭菜的香味，听众很快会一一溜走。想出最佳的后勤保障方案，确保会议对你和与会者而言都是一场成功。

33

练好文笔

与"军事情报"、"社会服务"和"总部帮助"等词语一样[1]，"出色的商务写作"也是一个矛盾语。这绝对是一个"按我说的去做，不要按我做的去做"的例子。我们谁都写得不如我们最喜欢的作家或编剧。不过，我们至少可以让同事省点力，免得他们再时不时地将那种废话连篇的文章硬塞给我们。

多年来，有位编辑不断地将我写的东西撕掉，给我重大打击。我最终明白了一点，他一再发现我总是违反 5 条原则。我今天仍然常常违反这 5 条原则：

· 要为读者而写。

· 要讲述一个故事。

---

[1] 还有：公仆、控制下的混乱、便捷付款、集体责任、委员会决定、工作保障、美食家比萨、不含酒精的啤酒、客观看法、快速修理。

· 要保持简短。

· 内容和风格都要积极向上。

· 要用事实支持断言。

这听上去很容易，但实际上非常难，需要真正严格训练和专心致志。

要为读者而写

面对每天洪水般涌来的电子邮件，你可能偶尔会想：为什么要把时间浪费在这么多的琐事上。其中许多邮件都不是写给你的，之所以抄送给你，完全是为了"以防万一"。但有些电子邮件明显是写给你本人的。即便写得很烂，还有拼写和语法错误，你可能还是会看，因为它们与你的需要和兴趣相关。写作高手会从读者的立场思考问题，并且为自己的读者而写。一旦发生这种情况，文章自然会思路清晰、重点突出。你可以放弃许多本来可以写的内容，将重点放在别人需要看的内容上。千万不要落入为自己写作的陷阱之中。

要讲述一个故事

这不一定非得是一个文学故事，比如童话或历险。商业术语中的"讲故事"指将各种事实整理好，从中得出一个连贯主题，既有开头（这就是问题或机遇），也有中间部分（这就是细节）和结尾（我们下一步该做什么？）。这个故事必须通过"电梯测试"：你可以在快速运行的电梯移动很短距离的时间内将故事概括给上司听。讲故事的优点在于它有助于清除掉所有会混淆信息的杂音。

> "讲故事的优点在于它有助于清除掉所有会
> 混淆信息的杂音。"

想一想你每天收到的所有那些来往信息，你能真正记住的只有标题，不是细节。先把重点放在写出正确的标题上，然后再整理出所需的最小信息来支持标题。

要保持简短

丘吉尔在战争期间曾经给妻子克莱门汀写过一封长信。他在最后又加了一段附言："很抱歉给你写了这么长一封信：我没有时间给你写一封短信。"写短文比写长文难很多。短文确实需要耗费脑力。保洁公司是"一页式备忘录"的发源地：年轻的品牌推广人员必须将品牌两个月内的进展情况总结在一页纸上。它可以是单倍行距且没有留出页边空白，但每个人都遵循着同样的原则。这样就能迫使写报告的人将重点只放在重要事情上，不会用不相关的细节让读者感到困惑。

> "文件就像钻石，必须经过精雕细刻才会熠熠生辉。"

还可以尽量使用简短的单词和句子，方便读者阅读。行业术语、花里胡哨的单词和复杂的句子与其说打动了读者，还不如说打动了作者本人。文件就像钻石，必须经过精雕细刻才会熠熠生辉。你的文件不是到了你写不下去的时候才完成，而是到了你无法再少写时才算完成。

内容和风格都要积极向上

相比于问题和困难，人们更喜欢听到机遇和解决方案。做事要积极向上，写的东西也要积极向上。经典的官样文章有一个陷阱，那就是采用被动态语和第三人称："已经被查实的是，下列 27 点被认为……"这样会让你的眼睛随着单调乏味而变得呆滞。

要用事实支持断言

警觉的读者都会有"废话探测器"，只要一碰到模糊的词语就开始发出刺耳的响声。这类词语包括：

- 重要的（对谁重要，为什么?）
- 战略性的（确实非常重要）

· 紧迫的（对我不紧迫）

避免使用模糊的词语，除非你有论据为这些词语作证。如果你说某件事重要，那你必须说明原因。用事实来支持断言还可以包括运用文字说明、运用例证和参考资料来支持论点。任何没有论据支持的断言都会时刻受到挑战。

34

领悟性阅读

我们遇到了大问题：你在阅读本书。既然你已经在阅读了，那么你究竟为什么还需要学习如何阅读呢？

消遣性阅读与业务性阅读之间存在着差异。即便你喜欢被人"虐待"，我也希望你能够从阅读本书中得到一些乐趣。但是我将假定你真的是为了业务而阅读本书。我对你深表同情。我先给你讲一个故事，算是表达我的歉意吧。

带着偏见去阅读

那是一间老式的合伙人办公室。我们当时都坐在一起，因而都知道其他合伙人在干什么。我们不需要电子邮件，因为我们可以听到别人说什么。大多数合伙人都反应敏捷，只有鲍勃是个例外。他的反应速度像缺了一条腿的骡子。然而，员工们却都喜欢他，觉得他比我们其他人更聪明。这让我们感到很不爽。

续表

有一天，我看到鲍勃在做笔记，便问他在干什么。"我有几个生意伙伴要来。他们会给我看一份文件的草稿。我还没有看到。这是他们安排的小测试，想看看我是否能给他们一些有用的反馈意见，也想看看我是不是足够聪明，能够看懂他们出色的草稿。"

我思考了一下。我一直认为合作伙伴把草稿带来是让我们有机会测试他们。我随后意识到鲍勃是对的：他们也是在测试我们这些合作伙伴，看看我们是否有能力给他们增加价值。我问鲍勃，既然他事先没有看过那份草稿，他为什么还要做笔记？

"你听我说，"鲍勃说，"我在看文件或听报告之前总会记下三点。第一点，我要记下自己对这个问题的看法。我不想被他们的内在逻辑所左右。他们的逻辑性越强，指出他们的问题就越难，除非你自己早已有了一个清晰的观点。我在阅读时不是全部接受别人的观点，而是带着自己的一份偏见。只有这样，我才能更好地进行评判。"

"哎呀，"我心中想。我在阅读时向来喜欢接受别人的观点，而且总是觉得自己很难超越呈现在我面前的那种出神入化的内在逻辑。我问他还做什么别的笔记。

"其次，我记下我认为文件应该涉及的所有话题。这可以帮助我去发现那些最难发现的东西——也就是文件中缺少的东西。我每次看出里面隐藏的脱节之处时，他们总会大吃一惊。"

"最后一点呢？"我问。

"我会匆匆记下我想给他们以指点的内容，"鲍勃回答说，"这些内容可以包括写作风格、分析技术、数据呈现等等。他们非常喜欢，因为我可以给他们一些实用而又积极的东西，让他们回去后改进自己的东西。"

我突然意识到自己从未真正学会如何阅读。我在阅读时就像一艘空船，等待着装满别人的东西。从交际的角度来说，这确实是一种令人愉快的阅读小说的方式。但是，套用管理学的术语，带着偏见和计划去阅读才会有收获：

· 知道自己的观点。

· 知道自己希望看到哪些内容。

· 准备好一些指导意见。

当然，你无法这样处理收到的每一封电子邮件，你大概也不想用这种原则去毁了消遣性阅读。但如果会议、报告或文件很重要，最好事先做一些准备。当然，你在审阅文件或者听报告的过程中可能还会发现其他问题，但至少你现在阅读文件或听报告时会带着明确的意图。

当然，你们当中那些早已带着意图阅读的人或许想问，为什么介绍阅读的这个章节少了一个关键要素：快速阅读技能。这是因为我个人对阅读的看法是：与其多而泛，还不如少而精。

"与其多而泛，还不如少而精。"

35

处理好数字

管理者使用数据就如同醉汉使用电灯柱——不是为了得到亮光，而是为了得到支撑。数字其实就是一堆堆事实，经过整理之后可以给某个商业案例提供支持。客观的数字极为罕见，因为人们可以编造和操纵所有数字。对于这一点，政客们比谁都更清楚。

"管理者使用数据就如同醉汉使用电灯柱——
不是为了得到亮光，而是为了得到支撑。"

数字游戏的巅峰是电子数据表。在它们问世之前，高级管理者可以抽查下级管理者的计算结果，让他们时刻提心吊胆。高级管理者会快速将几列或几行数字加起来，如果得出的数字不是100，随即开始的便是盘问。电子数据表消除了下属们的这种恐惧。分析这类表格时，数字计算能力不必再像以前那样出色。就数字相加而言，大多数电子数据表都比大多数管理者做得更好、更快。虽然数字可能正确，背后的思考却常常不是那么回事。处理好电子数据表需要出色的数学能力，但更需要杰出的思维能力。

许多电子数据表其实都是从页面的右下角开始，倒过来往上创建的。人们希望看到的结果通常就在右下角。如果某个电子数据表需要体现 15% 的利润，或者 1000 万英镑的利润，那么电子数据表上得出的结果一定会是 15% 或者 1000 万英镑，为保险起见可能还会略多一点。我们用电子数据表来更改各种假设值，直到获得正确的答案。

评估电子数据表时，需要的不是数字，而是挑战数字背后的思考。下面列出了你应该时刻提出的 3 个问题。

风险投资者的问题

是谁创建了这个电子数据表？如果你信任创建该电子数据表的人，那么就会信任表中的数据。一位从未让你失望过的一流管理者制作的一份二流电子数据表或者提出的二流建议，要比一位二流管理者制作的一流电子数据表更具价值。如果你需要介绍某份电子数据表，请一些一流管理者支持你才合理，你需要借用他们的信誉。

银行家的问题

每当测试电子数据表中的一些敏感问题和假设时，你都会遇到一些经典的"假如……会怎么样？"问题。先从一些大的假设开始：利润、增长、市场规模、成本、所需资本等等。不要管一些细节，比如咖啡机的成本（除非你的业务就是销售咖啡机）。就算你能证明这些小假设不精确，并且以此来证明自己非常聪明，这些小细节依然不会对分析有任何大的影响。

管理者的问题

一个职能部门或公司中的每一位管理者都会知道自己部门或公司的关键比率与核心数字。英国零售业的亿万富翁菲利普·格林只需对货架上的衣服看上一眼，就能准确地算出他们的成本与价格。你知道自己公司的重要预算数字。你可以将其与电子数据表进行核对，看看电子数据表中的数字是否与你掌握的数据相符。如果数字看似来自另一个星球，你就要开始问一些追根究底的问题了。

回答这 3 个问题都不需要数字计算能力。这里需要的是清晰的商业思维能力。哪怕你再怎么讨厌数字，只要问题问得好，人们就会认为你是电子数据表方面的权威人士。

第五篇

成功所需的技能：
21 世纪的领导者

导　论

很显然，我们目前正处在领导艺术的革命之中。21 世纪的领导不同于 20 世纪的领导。这场革命虽然也涉及技术，但它涉及更多的是工作性质的改变。

领导艺术革命的核心是命令和控制的终结。地位与权力在过去总是形影不离：地位越高，权力越大。但是今天的领导者无法继续掌控他们成功所需的所有人力和资源，原因有 4 点：

1. 劳动力的职业化。教育水平达到了前所未有的高度：工人们的能力在提高，他们的要求也同样有所提高。老一套做法是上司动脑子，工人们动手。这种情况现在显然不符合实情。作为领导，你不能要求别人忠诚于你，你要赢得别人的忠诚。

2. 雇员选择。终身雇佣制已经结束。家长式的公司以及一家公司就是一座小镇的情况已经成为了历史。公司可能

251

会要求员工忠诚于它，为它投入全部身心，但公司不会表现出来。雇员们现在可以有选择：如果他们不喜欢为某家公司或者某个老板工作，他们可以另外找一个公司或者老板。领导者已经失去了他们的强制力。你得依靠影响力和说服力。

　　3. 全球化与专业化。从前，公司就像中世纪那些城墙环绕的城市，里面有维持生活所需的一切。但是随着全球化一起到来的还有专业化。公司只重视它们最擅长的方面，其他一切则外包给别人。这固然能提高效率，但这也意味着作为领导者，你现在必须依赖你无法掌控的合伙方、供应商和渠道。

　　4. 精益矩阵。金字塔式功能组织已经一去不复返。我们都在某种形式的矩阵中工作，依靠同事才能取得成功。成功建立在影响、游说、信任以及偶尔争斗之上。

　　结果便是领导权的性质正在改变。你不会在一家公司得到稳步发展的事业，也不会随着晋升就得到越来越大的权力。相反，你将不得不做以下这些：

- 从一家公司跳槽到另外一家公司或者创办自己的公司，并且在这个过程中管理自己的职业生涯。
- 学习并更新自己的核心技能，与公司保持一致。
- 提高影响、游说、建立影响和信任关系网的能力，并以此来取代命令和掌控技能。
- 用人事和政治技能来取代你的专业技能，因为你的专业技能要么已经过时，要么已经由人工智能所替代。

· 坦然接受那些技术手段或传统管理人员均无法处理好的分工不明的情况、变革和挑战。

· 学会如何领导那些不希望被管理的技术精英。

21 世纪的领导所面临的挑战远大于以往，但回报也远高于以往。本书这一部分将向你介绍如何为迎接 21 世纪的挑战做好准备。

36

领导专业人员

从前，人们会认定领导就是房间里最聪明的人。好消息是你现在不需要成为房间里最聪明的人：你的工作是让最聪明的人来到你的房间。只要你工作干得好，你早晚会领导那些即便不比你更聪明，也会和你一样聪明的人。你不再需要领导工人，你要领导专业人员。专业人员阶层的崛起已经彻底改变了领导艺术的本质。领导艺术已经从命令和掌控转为了协作与敬业。

> "只要你工作干得好，你早晚会领导那些即便不比你更聪明，也会和你一样聪明的人。"

管理专业人员的挑战在于他们不喜欢有人管理他们。许多专业人员都不太尊重管理他们的人。他们认为管理人员通常是在妨碍他们做好工作，并且认为如果换了他们来干你的工作，他们会做得比你更好。

第二个主要挑战在于所有专业工作都难以界定，不像计算你当天制造了或者售出了多少个小工具那么简单。如果你必须作报告，该报告可能会长达 500 页：总会有一个似是而非的事实需要你去发现，也总有另一个观点需要你去涵盖。在这种情况下，绩效管理变得非常困难。不过也有一个好消息。大多数专业人员都非常专业。他们会致力于做好工作；大多数专业人员都非常投入，许多人还不断追求成功。他们或许难以伺候，但他们也可以取得很多成就。鉴于此，以下10 种方法能帮助你充分调动专业人员：

1. 拓展他们。专业人员天生是不断追求成功的人。让他们超越自己，不断学习和成长。让专业人员无所事事就会很危险。

2. 确定方向。专业人员不会尊敬软弱的管理者。确定方向，明确实现目标的途径，坚持不懈地为之奋斗。

3. 保护团队。将团队的主要精力集中在变革上。保护他们不受政治倾轧，免于日常琐事和公司日常杂音的干扰。如果你在这方面做得出色，他们会对你心存感激。

4. 支持团队。帮助团队取得成功：确保他们拥有正确的资源、支持和目标。

5. 表示关心。在每一位团队成员身上投入时间：了解他们的需求和期望。在他们的职业旅途中提供帮助。

6. 避免"惊喜"。不要在评估的时候给团队"惊喜"：这样的话，所有的信任都会烟消云散。要尽早就业绩问题与成员展开谈话，从而让团队成员能够尽早改进。

7. 认可他们。专业人员自尊心很强。满足他们的自尊心——在公共场合赞扬他们，但是永远不要在公共场合贬低他们。艰难的谈话应该私下进行。

8. 充分授权。如果可能的话，将一切都授权给他们。不要让团队将问题扔给你。指导他们自己解决问题——他们会从中学习，成长为更有价值的团队。

9. 提出期望。有些专业人员巴不得立马就能得到一切。有些希望回报更多、速度更快。你对奖金和晋升的任何表态都被当作100%的坚决承诺。因此，你在传达信息时一定要立场明确、前后一致。

10. 减少管控。相信你的团队。实行"走开式管理"。微管理表明你缺乏信任，这会在专业人员中间制造怨愤。相信你的团队，他们便能应对挑战。

归根结底，管理专业人员的窍门是：少管理，多领导。

37

管理你的上司

以前，你必须管理好自己的团队。如今你可能不得不管理自己的上司——这种念头在当时一定会显得很荒唐、很创新。上司发号施令，你接受上司给你的命令。这种信念今天仍然体现在管理文献和培训项目中，它们的重点仍然是领导者应该如何管理自己的团队。但如果你想在今天的世界中取得成功，就不能在你剩下的职业生涯中只依靠上司的善意。你得管理上司，确保你得到合适的任务、正确的支持和恰当的晋升与成长机会。

如果你想实现目标，就得把上司管理好——他们手握大权，可以让你一帆风顺，也可以让你度日如年。在实际工作中，我们大多数人花在想方设法管理上司上的时间，要比琢磨如何管理团队每个成员还要多。这很合理。在事关我们的待遇和职业生存等方面，上司比任何一位团队成员都重要。你可以绝对放心，你的团队成员也会花大量精力来琢磨如何管理好你。

学会管理上司是对你领导技能的检验：你得学会在缺乏控制权的情况下进行管理，而此时的风险很高。这才是没有安全网保护的领导艺术。如果你能够管理好上司，那么你就能运用学到的大多数经验和教训来管理自己的团队和其他人。

　　"学会管理好你的上司是对你领导技能的检验。"

从理论上说，你应该能够管理上司，你只需坐下来，与他正式交流，说明双方对对方的期望。这能够明确双方的绩效期望值以及应有的工作方式。这个世界理论上应该能够确保大家和平相处，但现实与理论大相径庭。不管你的上司是什么样的人，你都有责任管理好与他之间的这层至关重要的关系。

这里有 3 条原则需要你努力做到：

1. 调整你的风格。
2. 建立信任。
3. 有备用方案。

调整你的风格

你或许喜欢或许不喜欢上司的风格，但是有一点可以肯定，你的上司不会改变他们的风格来迎合你。如果你不喜欢自己的上司，那是你的问题。如果你的上司不喜欢你或者你的风格，那也是你的问题。无论是何种情况，你得想方设法迎合上司的风格。这并不意味着你就得模仿你的上司，如果你的上司是一个精神变态者，你也力图变成精神变态者，那毫无意义。

你的上司不会给你提供使用手册，你得为自己制定出规矩，然后按这些规矩办事。比如，如果上司一清早办事效率最好，而你喜欢睡懒觉，那么你得做出选择：要么睡懒觉，要么按上司的习惯办事。如果你的上司运用推断性思维（即从原则到行动的工作方式），那么你的归纳性思维（即从证据到结论的工作方式）就有可能出现偏差。虽然你们不同的思维方式有可能互补，甚至更为有效，但你需要说明你的思路，与上司保持一致。

上司与下属之间的冲突常常与风格有关，却被上司以"表现问题"所掩盖。如果你与上司就风格的问题发生冲突，那么上司对你的看法会发生改变。上司大多数时候都愿意提供支持——他们会假定你是无过的，并以此来看待问题。但如果那是一种文化冲突，那么对你的无过假定很快会变成有过假定：上司会持否定的态度来看待问题。你的功绩会被排除，任何失败则会被放大，并被认定是你的过错。这不久便会变成一种完全难以维持的局面。你得好好表现，但你也必须改变自己来适应上司的风格。

建立信任

这里有一道信任方程式：

$$T = \frac{C \times I}{R}$$

这个方程式表明，信任（T）是可信度（C），亲密度（I）和风险（R）的函数。工作中与你上司的相处，可以用这个信任方程式来说明：

亲密度（I）：亲密度涉及的不只是要让上司知道你与他有着相同的价值观和工作重点，更要让他知道你的忠诚度。实际上，大多数领导对无能的宽容度远甚于对不忠诚的宽容度。大多数错误都是可以原谅的，但背信弃义除外。背信弃义既可以包括积极破坏上司的大事，也可以简单到在上司需要支持的时候未能力挺他，抢上司的风头，以及让上司相形见绌，或者公开责备上司。

可信度（C）：归根结底，你需要靠业绩说话。如果你的无能已经臭名昭著，那么无论上司多么喜欢你，你都必须走人。这意味着你将不得不尽快与上司进行多次艰难的交谈。如果上司主动给你一个项目，而你认为自己无法在规定期限内完成，那你应该立刻与他进行沟通。不要事后找一大堆理由，试图重新讨价还价。如果项目出了问题，要尽早让上司知道，以便采取补救行动。这在有些上司那里很困难，因为这类上司时常挂在嘴边上的话是："不要给我带来问题，拿解决方案给我：你是带来解决方案还是带来问题？"这正是苏格兰皇家银行崩溃之前的企业文化：谁都不敢指出呆账方面的问题，直到后来纸包不住火，只能由纳税人帮助该银行摆脱困境。可信度在于确定期望值，并且按照期望值来实现目标。

风险（R）：上司们最讨厌突发情况，因为突发情况很少是好事。突发情况的问题在于它表明上司未能控制局面，这对上司会产生不良影响。要帮助上司显得时刻在掌控一切。这不限于仅仅更新项目，还涉及与上司分享信息：上司们最恨因为不知道你所知道的事而在同事面前丢脸。

有备用方案

你的首选方案是与上司搞好关系，但你也需要一个备用方案，以防万一与上司相处不好。

在首选方案中，你需要知道自己如何能带来变化。帮助上司的一个办法是去除掉日常工作中扯皮的事，处理好机构内的常见杂音。你或许不会因此得到表扬，但万一你的上司被卷入到这些微不足道的事情中，他自然不会感激你。如果你只能做到这些，那么你在团队中只是一个有价值的小角色，别人不会将你视为领导。要想当领导，你需要寻找到一个项目，让人对你刮目相看。你需要重要成就。显然，这可能很难，会让你不舒服，但这种项目恰恰能让你学到东西，快速成长。加油。

"你需要重要成就。"

你还需要一个备用方案。如果没有备用方案，你就会完全依靠上司。这是大多数博士生的命运，他们发现自己成了导师们的契约劳工，因为他们的全部未来都依靠这些导师。如果你有一个强势上司，值得你信任，对你关爱有加，即便下一次机构重组也不会让这位上司走人，那么依靠他是可以的。但这种状况很难持久。备用方案与你在工作场所内外建立自己的关系网密切相关。在工作中，你的关系网将告诉你哪些上司和项目比较好，哪些上司和项目是灾星。不要让自己听命于正式的任务下达系统。要让你感兴趣的上司和项目注意到你，知道你有用。一旦灾星隐约出现，赶紧披上哈利·波特的隐身斗篷：一定要让人看到你在目前的岗位上劳累过度、不可或缺。要把关系网扩展到工作生活圈之外——你会认识业内其他人，其中一些人可能是你以前的同事。如果你需要快速退出，那么圈外的关系网可能就是你的安全网。与广告和猎头公司相比，65%至85%的工作都是通过关系搞定的。

"要让你感兴趣的上司和项目注意到你，知道你有用。"

我在给人指导时，听到许多客户对自己的上司怨声载道。最终还是得由你为自己的事业负责。你要么改变自己来适应上司，要么寻找到一个你能合作的上司。抱怨上司虽然能够解气，却毫无效果。

38

在机构各层别上建立影响力

以前的管理是通过其他人来实现目标。在 21 世纪，管理已经变得越来越有意思，越来越具有挑战性。现在的管理是通过并不在你控制范围之内，甚至你都不喜欢的人来实现目标。在以前的世界里，管理者控制着实现目标所需的资源。在扁平组织以及外包工作的时代，管理者不再控制成功所需的各种资源。领导所面临的挑战增加了管理方面的挑战：领导们必须将他们控制范围之外的人带到他们本人无法达到的高度。

"领导们必须将他们控制范围之外的人带到他们本人无法达到的高度。"

那么，如何才能影响那些你无法控制的人？最简单的答案是通过金钱或狐假虎威来进行直接控制。金钱的力量不言而喻：只要有预算，就能让那些不归你管的人为你效力。狐假虎威指直接搬出某位高高在上的大上司来压人：这是大上司的意思，所以你必须服从。专业技术人员惯于使用这一套路：你必须这样做，因为健康、安全、法律和人力资源都说你必须这样做。金钱和狐假虎威只能短期见效，别人虽然会照办，但内心不会听命于你。

狐假虎威的游戏能只能玩到一定的程度。它会带来反感，别人最终也会以其人之道还治其人之身。同样，用来购买影响力的金钱也有限度。所以你需要寻找其他办法来建立并维持自己的影响力，使其能够覆盖并超越整个控制范围。

有两个工具可以帮你树立威信。第一，你需要一个清晰且相关的计划表；第二，你需要与一些重要的人建立互信。我们在前面已经看到，在接管所在单位时，手头有一个计划表非常重要。当你在更大范围内树立威信时，这一点同样适用：你需要一个计划表。

如果谁也不知道你在干什么，那么谁也不会关注你。如果你在推动一个重要计划，而且这个计划与机构密切相关，那么谁都不会忽视你。一个清晰的计划表至少能够在 4 个方面帮助你，因为它：

- 让你单位之外的人知道你的存在。
- 能让你决定哪些战斗要参与，哪些战斗要避免。
- 告诉你需要影响哪些人并将他们拉到自己阵营里来。
- 帮助你将注意力集中在优先考虑的事情上。

反过来说，如果缺乏清晰、相关的计划表，那就意味着没有人会关注你，你不知道哪些战斗值得参与，不知道自己应该影响谁，不知道哪些应该是重点。清晰明了非常重要。相关性也很重要。这里所说的相关性也带来了一个问题：我的计划表与什么人相关？如果它与门卫相关，那么你或许得与一位懂得感恩的门卫共事。如果它与 CEO 和董事会相关，那么你会突然发现自己的一切活动都必须围绕你的计划表展开。计划表一定要选好。

如果你有钱，有计划表，也能狐假虎威，那么他人会接受你的命令。从本质上说，你只是与同事进行一系列的交易，并且在交易过程中用这些工具办成事。不过，许多时候你的手头可能没有这些工具。这时，你便无法强迫他人听命于你。你需要得到其他人心甘情愿的支持。你必须成为人们想跟随的领导，而不是人们被迫要跟随的领导。

"你必须成为人们想跟随的领导，而不是人们被迫要跟随的领导。"

建立信任

这是信任的重要之处。你有没有自己不信任却又不得不为之效力的人？你或许不得不为这种人工作，这就是生活之道，但几乎没有人会主动选择这样做。

一旦有了信任，你便从只能通过交易取得成功，过渡到了拥有某种关系的地步，而这种关系即便是在你遇到艰难困境时也能助你一臂之力。那么如何才能成为一名值得信任的领导，如何建立起信任呢？你可以尝试将下面这些话挂在嘴边：

- "好吧，约翰，我这个人是直性子……别把我的话放在心上……当然，我也非常诚实。"
- "我想大多数与我打过交道的人都认为我直来直去，我也确实是的。"

上面第一句话是英国前首相托尼·布莱尔提及自己在伊拉克战争中的作用时所说；第二句话是他在提及自己决定接受一级方程式上司的捐款时所说（两次都在 BBC 节目中）。不管当时是出于什么考虑，但声称自己诚实、值得信任或许等同于不诚实、不值得信任。你不能要求别人信任你，你必须值得人们信任。

我们有一个简单的办法来检验信任，由下面这个公式表示：

$$T = \frac{C \times I}{R}$$

其中

T＝信任

C＝可信度

I＝亲密度

R＝风险

忘掉这个公式所隐含的虚假的数学精确性。它所表达的是：你的亲密度（你们有着相同的利益、需求和价值观）越高，可信度（你言行一致）越高，人们就越信任你。但是，信任也会随着风险的增加而减少。我们将会看到你如何运用这里的每个元素来建立与你的同事而不是上司之间的信任。

风险

信任并非是一个通断开关。我们的信任随着风险级别的高低而增大或减少。你可能会信任一位陌生人，听他告诉你如何去最近的邮局。但如果你信任街头遇到的某个陌生人，将自己的毕生积蓄托付给他，那将是不智之举。这个道理简单明了，可以应用在我们的工作场所。

首先要接受一点：信任是不断递增的。刚开始在一个新场所工作时，谁也并不真正了解你。你得一步步证明自己。信任也是一样。不要指望别人从一开始就信任你：首先要证明你在一些小事情上值得信任，别人才会慢慢开始在一些重大事情上信任你。

你还可以尝试化解一些想法和建议中的风险。许多想法之所以胎死腹中，不是因为这些想法不好，而是因为别人认为它们风险太大。所以要化解其中的风险——你可以请求只

268

批准项目的第一期；你可以指出类似想法的成功案例，以此来证明这个想法的风险并不大；你还可以说明这个想法已经得到其他关键人物的支持，以此来消除个人和政治风险。

亲密度

运用人际间的亲密度来确保晋升，这种不光彩的传统由来已久。这种方式虽然能成功，却不是我们在这里所说的亲密度。亲密度是我们在建立信任时都可以尝试的东西，涉及你与所处的人有着共同的价值观、兴趣或需求。这意味着有必要在认识某人之前先花点时间对他做一番研究：脸书、谷歌和共同的同事都是信息库。你应该能够找到一些共同点。

第一次认识别人时，他们常常什么都闭口不谈，显得是在浪费最初几分钟。这种看似随意的闲聊往往只涉及他们工作过的地方以及以前的同事，目的是寻找到共同点和相同的经历。

我们都需要与人亲近，但这恰恰与多元化相对。我们信任别人，就如同我们信任自己，因为我们自认为了解别人的思维模式。其结果便是依据他们的为人和受教育的地方来录用和提拔他们，而不是依据他们的优点。如果你的背景与同事不同，那么你必须加倍努力来建立各种共同利益的纽带。

"用来建立信任的另一件秘密武器是：聆听。"

我们已经看到，你还可以运用另一件秘密武器来建立信任：聆听。听别人说的越多，你了解到的东西也就越多。聆听是一种恭维——我们的成功与辛劳无论多么微不足道，但只要有人显得对此感兴趣，我们总会暗自窃喜。

可信度

如果说亲密度的核心在于说话得体，那么可信度涉及的便是言行一致。按照时下的流行语来说，你得"说到做到"。我们都喜欢认为自己有言必行。问题不在于我们人人内心都有阴暗面——我们大多数人并非天生就喜欢骗人或者让人失望——而在于我们最终会辜负同事的期望。这背后有两个原因。第一，现实在与我们作对。有句谚语说得好：光有良好愿望无补于事。世事难料，比如工作重点发生了改变；某位供应商放了鸽子；信息系统崩溃了；运输一片混乱。我们总能找到理由为自己未能言行一致找到借口。我们心里清楚，我们有正当理由未能说到做到。你的同事只知道你未能说到做到。我们都有一些善于编造各种借口的同事：这些同事我们不会信任。如果事情很重要，那就让它发生。接受借口就是接受失败。

我们未能说到做到还有第二个原因，而且更加有害。问题不在于我们做了什么，而在于我们说了什么。我们所说的话常常到了别人的耳朵里就不一样了。人们只听得进他们想听到的话，所以说话时必须谨慎小心。比如，我们可能会告诉某位客户我们将竭尽全力按时交货。可一旦交货延误，我们说自己已经按照承诺竭尽了全力。但客户期望见到的是按时交货，结果我们未能做到，失去了可信度。如果你告诉某位团队成员你要举荐提升他，结果他却没有得到提升，然后你告诉他你说到做到了：你的确举荐了他。但这位团队成员所期望的是你会让他得到提升，而你却未能做到，你因而失去了可信度和信任。

　　"人们只听得进他们想听到的话，所以说话时必须谨慎小心。"

　　我们可以抱怨说自己被误解了，但这种抱怨不得要领。作为领导者，我们的工作是确保别人没有误解我们的意思。我们必须与别人沟通清楚，并且明确他们的期望值。只要有疑问，就应该降低期望值。这是我们在应付不同上司过程中全都学会的技巧：少一些许诺，多一点兑现。在与任何人的交往中，这都是一条好的原则。因此，如果无法百分之百地确保某位团队成员能够得到晋升，你不妨向他描绘一幅晋升无望的画面，但答应仍然尽力而为。然后，你要继续向他灌输这个理念。

　　信任度的重要性毋庸置疑。别人只要认为你不可靠，就不会信任你。就这么简单。即便一次失败也会带来前功尽弃的后果——它会让你之前的一切努力付诸东流。谁也不会记住你多少次有言必行，但是会记住你让他们失望的那一次。你也会清晰地记得别人让你失望的事，并且记得是谁让你失望的。千万不要成为那种人当中的一员。信任度就像一个花瓶：一旦打破，就很难修复。

人气

在机构内建立影响力有一个死胡同，那就是人气。当领导不是人气比拼，与政治无关。我们可以从政治中得知为什么当领导不是一场人气比拼。你越是想得到人气，就会变得越是虚弱，越不值得信任。人气旺的领导不会做艰难而又不得人心的决定，反而会寻找便利出路。更糟糕的是，软弱的领导总是随便许诺，以此来赢得支持。当这些承诺无法兑现时，信任便会急转直下。政治家们是最不为人们信任的专业人士，这是意料之中的事：我们已经习惯于听他们做出各种承诺却总也无法兑现。政治家们随后会百般狡辩，声称他们其实并没有承诺我们所期望的东西——他们会说那不是一个承诺，而是一种抱负、一个希望或者一个目标。他们这样做时也在告诉我们，如果我们希望得到别人的信任而不仅仅是积攒人气，那么至关重要的是从一开始就必须非常清晰地确定期望值。

39

影响决策

作为领导，你不可能做出所有决策。有些决策超出了你的权力范围，但这不应该妨碍你去影响那些对你非常重要的决策。幸运的是，现在有种种迹象证明你可以影响决策，主要依据来自诺贝尔经济学奖得主丹尼尔·卡内曼的著作。尽管出身于学术世家，他的著作仍然给那些注重实践的领导者提供了大量帮助。

> "作为领导，有些决策超出了你的权力范围。"

下面介绍如何影响决策，让它们变得对你有利。

1. 按你的规矩来确定辩论内容

尽早动手以及按照你的计划来制定辩论的规矩。比如，月亮与地球之间的距离是 100 多万英里还是不到 100 万英里？我也不知道，但我已经将辩论的内容确定在了 100 万英

273

里（而不是 500 万英里或者 10 万英里）左右。

2. 结盟

私下里管理好分歧。一旦公开产生分歧，大家都会固执己见，决不让步。尽早与关键人物私下见面。让他们在不丢面子的情况下改变观点以及广泛宣传达成的一致意见，掀起一场支持的热潮。找一些有背景的人力挺你的立场。

3. 逐步达成一致意见

不要立刻提出所有要求，那样会把别人吓坏的。要请不同的个人在他们具有相关专业知识的领域（财务、健康、安全等）支持你的观点的一个部分。

4. 估计回报的大小

设计一个清晰、合乎逻辑的案例，显示你提出的行动方案所带来的利益。将这些利益量化，再将它们一一兑现。

5. 决策的制定要对自己有利

自己的计划要与公司的计划保持一致。表达自己的观点时要使用每个人都能接受的语言和风格。一定要积极向上。

6. 限制选项

不要给出太多选项，那样会引起混乱。如果你给出 30 个选项，必然会制造混乱，随后便是决策瘫痪。最多两三个选项。通常情况是选项 A：理想，费用高，不实用；选项 B：费用低，很糟糕，令人无法接受；选项 C：你希望他们选中的。任由他们向你抱怨选项 A 和 B 有多么糟糕，然后在他们要你选择选项 C 时一定要表现出是他们的见解和建议打动了你。

7. 将风险和亏损化作对自己有利

要让别人看到其他选项甚至比你的想法更具风险。默认的选项通常是"什么都不干"：低成本、低风险、低付出。你得让人明白，不作为行不通。

8. 让无所作为变成有所作为

创造特殊环境，让人们容易支持你的决定；为他们清除掉任何后勤或行政障碍。

9. 要持之以恒

不断重复会见效。什么会见效？不断重复。

不断重复会见效。不断重复会见效。不断重复会见效。不断重复会见效。不断重复会见效。不断重复会见效。不断重复会见效。不断重复会见效。不断重复会见效。不断重复会见效。不断重复会见效。不断重复会见效。不断重复会见效。所有伟大的广告商和独裁者都知道，重复的次数越多，人们就越相信。一定要持之以恒，绝不能半途而废。

10. 适应每一个人

透过他们的眼睛来看清世界。尊重他们在物质、风格和形式方面的需求。创建共同的事业，将大家的目标融合成一体。

40

通过聆听来施展影响

用心聆听可以给你带来意想不到的效果。聆听就像真诚与自然的流露，很难装出来。优秀的销售员和出色的领导与大多数正常人并无两样，也长着一张嘴巴、两只耳朵，但他们使用这两个器官的比例是 1 比 2。人们喜欢聆听他们真正信任和敬仰的那个人说话，而那个人就是他们自己。只要给他们机会，他们就会说服自己做出让步。

> "出色的领导与大多数正常人并无两样，也长着一张嘴巴、两只耳朵，但他们使用这两个器官的比例是 1 比 2。"

在下面 3 种情况中，每一种都有两种处理方式。想一想在每一种情况中，哪一种处理方式更有效。

· 销售电话。你花 15 分钟向客户宣传新型神器 Sudso 的各种奇妙之处，说它足以秒杀所有竞争对手，然后向

客户推销。客户自然会找出一千条理由拒绝，即便想
买也会疯狂地砍价。要么，你让客户诉说他们的竞争
形势，提出一些问题，引导他们关注所面临的一些挑
战——这些挑战恰好是 Sudso 神器能够解决的。他们
会发现他们正好需要 Sudso，你可以成为他们的合作
伙伴，帮他们解决问题。这样一来，你就从销售人员
变成了合作伙伴。

- 来自员工的挑战。你的员工给你带来了一个难题。你
  是英雄式的领导，知识渊博，于是你解决员工的难
  题，告诉他们该做什么。他们走出你的办公室时感到
  你很聪明，但是他们并没有自己找到解决方案，而且
  他们学会了依赖：将难题带给你要比他们自己解决难
  题容易得多。要么，你提出几个问题，让他们自己想
  出答案，并且让他们自己处理难题及找到解决方案。
  他们现在会全力以赴，因为他们觉得那个解决方案是
  他们自己的点子。

- 业绩评估。告诉员工他们的业绩不佳。明确说明出了
  什么问题以及应该采取什么补救措施。望着他们带着
  沮丧、愤怒或拒不承认的心情走出去。要么，让他们
  谈一谈自己的业绩。提出一些问题，让他着重考虑
  哪些方面可以做得更好以及如何才能做得更好。望着
  他们离去，内心保持谨慎乐观：他们会取得进步。他
  们也会对上司心存感激并对其忠心耿耿，因为上司聆

听他们的意见并关心他们。

积极聆听

聆听比说话难得多。主动聆听需要敏锐的思维，还需要刨根问底的能力。除了用胶带把嘴巴封上外，你还可以做 3 件简单的事情来提高聆听的技巧：

1. 转述
2. 提出一些开放式问题
3. 听取汇报

转述

这很简单，但是会迫使你去聆听。别人说完一件事后会自然停顿，而你此时往往会忍不住插嘴表达自己的观点。一定要避开这种诱惑。相反，要用自己的语言去总结刚刚听到别人所说的话。这并不代表你赞同他的话，只是说明你听懂了他的意思，而且你一定在聆听。如果你总结得不对，他们会立刻纠正你，你就避免了误解他人的意思。如果你总结得正确，他们会认为你很聪明，因为你听懂了他们的意思。他们随后便会大胆加以补充。转述有助于建立理解和尊重。作为一个简单的测试，试着用自己的话将本章节的内容转述一遍。你在这个过程中还会发现自己更容易记住其中的内容。

如果你能将它说出来，就能将它记住。

提出一些开放式问题

这是一门货真价实的艺术。我们之前谈论过，现在值得简单扼要地重述一遍。正确的开放式问题可以让别人以正确的方式关注并思考。提出开放式问题的关键在于鼓励别人给出丰富的答案。有一点需要避免：不要问封闭式问题，因为这类问题只会带来是或不是之类的答案。

封闭式问题会要求别人表达立场，他们随即会感到有必要为之辩护。不要把人逼入死角。这类问题的开头通常为：

- "你是否同意……?"
- "我们是否要……?"
- "……是多少?"

如果你知道自己在讨论结束时能够得到这些问题的"正确"答案，那么这些问题还过得去。如果你得到"错误"答案，你会发现自己站到了对立面，陷入了一场非赢即输的讨论之中。

开放式问题的答案则丰富多变。这类问题避免过早把人逼入死角，同时允许人们探索不同选项。你在让别人说话的同时，也在让他们建立对你的信任。开放式问题的开头通常为：

- "他们为什么……?"

- "当……的时候发生了什么？"
- "你会如何……"

> "与直接告诉别人做什么相比，让别人说话
> 自然要花费更多时间。"

与直接告诉别人做什么相比，让别人说话自然要花费更多时间。懒惰和英雄式领导风格是直接告诉每个人应该干什么。多花一点时间，少一点英雄色彩，这条路径却更有成效。它能教会人们独立思考，找出自己的问题并找到自己的解决方案。

听取汇报

如果参加会议的人数不止你们两个，要时刻围绕 3 个问题听取汇报：

- 你在会议期间听到/观察到了什么？
- 他们如何反应？
- 下一步谁该干什么？

这仅仅需要几分钟时间。你必然会发现两个人看到和听到的东西不尽相同。与会议期间做笔记相比，这种快速听取汇报的做法能让你从会议中得到更多有价值的东西和情报。做笔记会妨碍你去观察。书写会阻碍你去思考如何掌控谈话，还会让别人对你起戒心。

41

在全球性的世界中当领导

如果你能够领导一个全球性的团队，那么你可以领导任何团队。这也是 21 世纪领导艺术所面临的最大挑战，因为它包括了未来领导者将要应对的所有挑战。全球性挑战所挑战的是距离与掌控。

在一个全球性团队中，一个显而易见的挑战就是距离，它增加了沟通的难度。并非每个人都在同一时刻醒着，更不用说在同一时刻上班。就算你能够管理好跨时区沟通所需的硬件，距离依然会将信任这一巨大挑战暴露无遗。你必须能够信任别人在你睡觉时会如你所希望的那样接受命令并采取行动。他们不会每天凌晨三点钟打电话给你进行核对。

我们面临的不只是物理上的距离，还有文化上的距离。以前当领导就是要通过像你这样的人来创造业绩。但是在全球化的环境中，当领导意味着你必须通过不仅不像你，而且根本不会像你那样思考的人来创造业绩。误解和错误沟通的范围巨大。

全球性的挑战不会善待那些微观管理者和控制狂。你无法动用控制。你需要寻找到其他管理和激励方法。你无法通过电子邮件给人以激励。绩效管理又因为你无法看到办公室里的下属而变得更加困难：你缺少能够告诉你他们是在拼命还是在偷懒的视觉线索。

每当需要做出决定时，无法控制局面这个挑战便越发凸显。远方有个人你很少见到，但他做出的决定却会影响你，而且这个人可能使用另一种语言，决策过程也可能不为你所熟悉。20世纪传统的管理人员会因此感到自己失去了权力、失去了动力。21世纪的领导者则要学会如何让这种局面发挥作用：欢迎大家面对新的现实。

对全球性团队进行的研究表明，全球性领导者需要始终明白4件事。在一个全球性团队中做好这些事尤为困难；但是，如果你能在全球背景中将其做好，你就能在局部小环境中出类拔萃。需要优先考虑的4件事是确定目标、沟通、信任和决策。

确定目标

确定目标是所有全球性团队最爱抱怨的事。这怎么会呢？顶级全球性公司怎么会为确定目标这样简单的事情痛苦不堪呢？人们不是抱怨目标不清晰：确定一个目标很容易。

人们抱怨的是制定目标的背景向来含糊不清。这一点很重要，因为站在山脚的人经常看不到站在山顶的人能够清晰看到的东西。例如，如果某个"顾客满意度"目标是由顶层确定的，那么它应该不错。但是在底层，这个目标却没有那么清晰：那是什么意思？如何处理投诉、退款和逾期付款？为了明天能赢得顾客的信赖，我们今天应该让利多少？你在制定这些战略和目标时可能花了数月时间来完善它们，因此你完全明白它们背后的考虑。但是你不要指望远方不同语言的人在网播 45 分钟后就能明白你想法中的所有细微之处。你得花时间进行解释，不仅要解释这些目标，而且还要解释它们出台的背景、利弊和制定这些目标的理由。只有在团队完全理解制定目标的背景时，你才能相信他们会在你睡觉时做出正确的决定。

沟通

沟通显然是全球性团队所面临的一个挑战。21 世纪的技术在这方面不是恩赐，而是诅咒。电子邮件是瘟疫，因此我们的沟通虽然远多于任何时候，相互理解却一如既往的少得可怜。当你看不到反应时，你无法知道对方是否明白、赞同或者已经全身心地投入。文化差异让人更难解读对方的反应。如果你希望别人能听懂你的意思，那你就得与他面对面地沟通，也就是说你必须花钱买机票，或者至少在白天或夜晚非常不方便的时候召开视频会议。良好的沟通能够建立信任，而信任正是全球性团队所面临的第三个主要挑战。

信任

信任能带来开诚布公的沟通，而开诚布公的沟通又能建立信任。沟通与信任相辅相成。信任包括工作和私交两方面的信任。在西方传统中，信任取决于你的资质、所在的公司、所加入的协会或组织，以及你的表现。在东方传统中，这些还不够：问题在于你这个人是否值得信任。工作和私交两方面的信任需要时间才能建立起来。只有一个办法能够加快建立团队个人之间的信任，那就是让他们见面。安排一次全球性会议，而且不要让大家一整天都在工作。一起度过社交时间，从一些集体体验中得到乐趣。这不是成本，而是一项投资，能够打造一个业绩出色的团队。信任是黏合剂，能够将团队凝聚在一起。

决策

全球背景下的决策是一种艺术形式。正式的决策过程或许看似刻意将你排除在外。你将无法轻易接触到决策者和举足轻重的人物，也无法听到种种至关重要的传言——这些传言可以告诉你大家在思考什么、出现了哪些优先考虑的项目或者如何做出决策。要想成功，你就需要建立起属于自己的信任和影响关系网：在 21 世纪，权力来自你的掌控能力，也来自你的影响力。

如果你确定好了目标，进行过有效沟通，并且有一个可以非常信任的团队，那么你就差不多拥有了一个表现异常出色的团队。只要学会如何影响远方的人以及远方的决策，你便掌握了在复杂的机构中施展影响的艺术。全球性技能可以确保你掌握 21 世纪的各种领导技能。

42
职业打造与职业生涯

我们这些当领导的已经发现，"领导"一词既是动词也是名词。

曾几何时，"职业生涯"一词也是名词，指一位年轻的大学毕业生的整个职业生涯。他可能为一位家长式雇主工作，45 年后带着一个作为退休礼物的便携式时钟和一份养老金退休。这位忠心耿耿的雇员会继续表现自己对雇主的忠诚，过早去世，不给公司增加太多养老金负担。

好消息是我们不会在到达领取养老金的年龄后不久便匆匆离开人世。坏消息是我们那位忠心耿耿的雇主已经步"独角兽"公司之后尘，在神话王国消失得无影无踪。

现在，"职业生涯"一词已经变成了动词，形容我们飞速从一个角色转到下一个角色，从一个雇主转到另一个雇主的手下。我们的就业不再来自我们的雇主，因为雇主无法保证我们能长久得到某个职位。我们的就业来自自身的可雇佣性。我们必须打造并更新所需的各种技能，以确保我们有 50 年的职业生涯：我们不能希望能像上一代人那样早早退休，也不能期待领取他们那样的养老金。

职业打造的挑战

我们只需看一看工作性质在过去 50 年中发生了什么样的变化，就能清晰地看到职业打造所面临的巨大挑战。我们可以做一个简单的练习，想一想 50 年前的情况，看看那个时候的各种工作。如果说打字员、档案管理员、电话接线员这些职业在今天显得像老古董，那么你绝对可以相信，我们今天的许多工种在我们后代的眼中同样会显得像老古董。你今天所具备的技能几乎可以肯定不会是你明天所需要的技能。

职业打造这个挑战既是一种感觉，也是真实存在的现实。我们只需看一看 50 年中一些行业、公司和个人的命运，就能明白这个挑战究竟有多大。

行业

一些行业已经基本全部消失：曾经四处可见的纱厂和矿山已经不见了踪影。美国劳工统计局估计，在 1910 年，三分之二的工作都在制造业、运输与公用事业、采矿和家政服务领域。到 2015 年，这些工作只占所有工作中的 14%。

公司

1965 年，标准普尔 500 强中的公司平均寿命为 33 年。这个数字到 1990 年已经下降到了 20 年，预计到 2026 年还会降至 14 年。不要把宝押在雇主会天长地久上面。这些公司很可能在你尚未退休之时就被其他公司收购或者超越。

个人

美国劳工统计局估计，雇员在一家公司的平均任期只有 4.2 年。这意味着我们在有生之年都会在许多雇主的手下打造自己的职业生涯。

此外，自动化与人工智能正在取代人类。牛津大学 2017 年的一项研究估计，未来 20 年内，47% 的工作岗位将让位给人工智能。可以说，自工业革命曙光初现以来，在过去 200 年中，科技取代工作岗位的现象就一直存在，但这次的情况却有所不同。以前被取代的都是体力工作，未来将被取代的却是白领工作。

职业打造所面临的现实

作为领导者，职业打造所面临的现实对于如何管理你的职业生涯和技能有着深刻的含义：

你得不断更新自己的专业技能。无论你今天擅长于什么，5 年后肯定会有比你年轻、对薪水要求比你低但工作劲头比你大的人将你的工作做得与你不同却更好。哪怕是为了保住现在的岗位，你都得疾步直追。

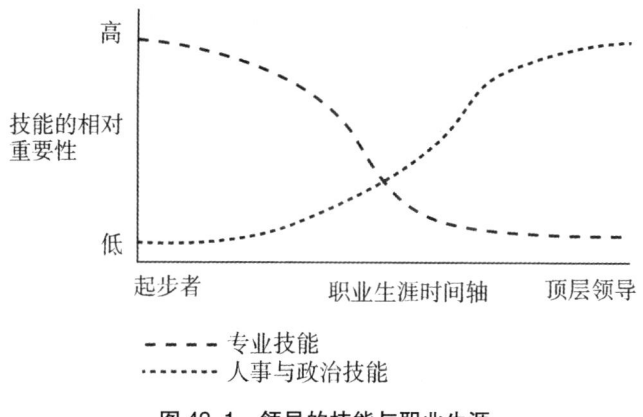

图 42.1 领导的技能与职业生涯

你作为领导者所需的技能也会与时俱进。在职业生涯之初，你能够凭借财务、教学、分析、银行业务或者公司看重你的任何专业技能获得成功。随着时间的流逝，这些技能的重要性会降低。因此，你必须掌握管理人员和机构的更深层次的能力。（见图 42.1）这意味着必须掌握各种政治技能，诸如影响决策过程，与上司的计划保持一致，应战或者避免战斗，建立能够帮助你达到目的的信任关系网。这些技能将在后面详细介绍。

你需要扬名立万，需要将宝押在这个上面。你必须让别人知道你在某个方面出类拔萃：你可能擅长于管理战略转机和危机，或者擅长于营销和增加利润，或者擅长于产生并发展新点子，或者擅长于降低成本和合理化经营。扬名立万有3个特点：

- 你能从中得到快乐，因为你只会在你感到快乐的领域出类拔萃。你需要付出多年大量的投入才能卓越。只有从中得到快乐才能坚持不懈。

- 让人们知道你出色，就能让公司内外都了解你并引起反响。小成绩不会被人注意；非常专业的成就在别处很难派上用场。

- 这份荣誉只属于你自己。许多人或许都帮助过你，但你得让人们看到你才是这个项目的领导者。如果你不大声喊出来，别人就不会听到，有人甚至还会抢走你的功劳。就像美国荒蛮西部的淘金者，要么立桩表明某块土地属于你，要么你什么也得不到。

43

精心制定自己的成功秘诀

本书一个永恒不变的主题便是领导艺术没有一个通用的成功秘诀。如果有的话，我们完全可以用某种人工智能给机器人编程，让它接替我们的工作，担任领导。幸运的是，生活和领导艺术远没有这么简单。

相反，你需要根据所处独特环境中的成功经验，制定出自己的成功秘诀。如果这意味着你必须自己去发现哪些方法能够成功，那么这可能是无益的建议。但这不是本书的目的。本书将给你绘制出一份领导艺术的疆域图，让你自己决定想去哪里，想发现什么。你可以在探索之旅上添加一些框架。

不过，你也可以运用两件非常简单的工具来加速自己的领导之旅：WWW 和 EBI。只要将这两样工具用好，你就能制定出适用于你的独特的领导风格。

WWW：哪里做得很好（What Went Well）

这是一个简单的问题，每一个重大事件过后你都应该问自己这个问题。这些重大事件可以是某个会议，某个报告，某个电话或者你写的某份文件。这样做的目的在于发现自己取得了成功，然后继续重复这个秘诀，直到寻找到更好的办法。这听上去十分容易，其实不然。许多管理人员在吸取成功经验方面都很糟糕。他们认定成功很自然。但成功向来不是很自然的事：它是非常艰苦的工作，因为各种事态总是在与你作对。因此，一旦某件事进展顺利，你就要停下来思考为什么进展顺利，你采取了什么措施，能够确保进展顺利。有些措施显而易见，比如花了更多时间做准备；也有可能是一些微不足道的事，比如在进入会议主要内容之前闲聊几句并且稍稍恭维别人。不管那是什么，只要能给你带来成功，就继续运用。这条法则很简单，用时很少。你可以在返回办公桌的过程中完成它，也可以在一天或一周结束后回顾工作时完成它，还可以在乘坐火车或者驾车回家途中完成它。不管这一周过得是好是坏，你都可以做到。即便是遇到最糟糕的几周，你大概仍然可以做一些事来避免更大的灾难：这些都是非常宝贵的教训。

一些表现优异的团队有听取汇报的习惯，比如英国皇家海军陆战队以及红箭（英国皇家空军表演大队）。他们总是听取汇报，总是在学到东西。作为领导者，这是鼓励下属学习和提高的简单方法。WWW 的核心永远是"哪里做得很好"，而不是它那邪恶的表兄"哪里出了问题（What Went Wrong）"。"哪里出了问题"是太多汇报的默认模式，结果只会造成相互指责和推卸责任，而不是学习。

EBI：如果……能做得更好（Even Better If）

EBI 是你听取汇报的第二件工具。

我们总会碰到诸事不顺的时候，但这也是非常宝贵的时刻。学会不做什么与学会应该做什么同样重要。更好的办法是学到下一次你可以在哪些方面做得不同。

不管每个关键事件是否成败，都要问自己这个问题。进展顺利时，也总有可以做得更好的地方。最出色的体育教练不会在获胜后放松自己，他们仍然会寻找进一步改进的地方，以帮助运动员或球队下一次继续获胜。这也是你应该做的。

事情不太顺利时，EBI 是基于行动的方法，不是用"哪里出了问题"来自责或责怪你的团队。它带来的是如何做得更好这样的正能量点子。

试着同时运用 EBI 和 WWW：这两个方法可以同时使用，也可以以相同方法使用。用它来反问自己或团队；用它来审视某件事、某一天或某一周的工作。重点在于不断学习能够给你和团队带来成功的秘诀。你得不断学习、不断改变，因为你的环境在不断变化。你的角色很有可发生了变化，你甚至可能还换了一家新公司，所以 5 年前的成功秘诀今天可能根本不管用。

44

挺身而出，不能后退：关键时刻

发送电子邮件和出席会议不是成功的标志，但你的日常工作就是这些，你只是在例行公事。日常工作应对的是公司每天出现的杂音。你必须将这些工作做好才能生存下去。但成功不是惯例，而是特例。

确定成功与否的是一些关键时刻，比如你能够看到权力在一些人之间兴衰的时刻。这些关键时刻在 21 世纪正变得愈发重要。从前，公司的功能层级经常以资历为依据：你工作多年，忠心耿耿，从未搞砸过任何事，那么你就会晋升到顶层。只要把例行公事做好，你不仅能得以生存，还能取得成功。

但是传统的功能层级如今正在土崩瓦解，资历也成了老黄历。晋升不再完全依靠资历，而是更多依靠绩效。但现在绩效比以往任何时候都更难显示，原因有两个：

- 责任分担。在矩阵型组织中，隐身容易，出类拔萃难。谁做了什么并不明显，至少在那些与你的工作关系不密切的人眼中不明显。
- 工作越来越难以界定。人们从前很容易说清楚工作什么时候完成：你可以看到生产了多少辆汽车，或者开采了多少吨煤。然而管理工作却无法轻易用前后一致的、客观的度量衡来衡量。在某个星期，你可能需要准备一份报告，参加一系列会议，同时还要忙于数月后才能见到成果的几个项目。这一周结束时，你将知道自己是否取得进展，却很难证明是否有进展。

在这个世界上，人们依据几个特别的时刻来评判你，看你是否为人所知，看你是否能够引领未来。

晋升与关键时刻

晋升是一个关键时刻，你会发现自己真正的竞争不在市场上，而是就坐在你附近的办公桌旁。市场上的竞争对手不会夺走你的下一个晋升机会，但是你的同事会。

你或许发现，决定你命运的是那些很少见到你的人：人力资源部的专家和比你高两三个级别的高级主管。他们会研究许多推销自己的资料包，每一份都在赞美你同事的美德。这些同事现在是你的竞争对手，但岗位却非常有限。每一个推销自己的资料包都将充满溢美之词。到了关键时刻，每一位主管都会显示他们有能力让自己选定的团队成员得到晋升：失败只能证明他们软弱，他们还会失去所有可信度。对于主管和团队成员而言，晋升便是关键时刻。

一家龙头企业就发生过这种事。人们几乎根本无法在一大堆溢美之词中进行甄别。于是评委们做了所有人都会做的事（这也恰恰是所有人力资源体系竭力阻止的事）：他们依据每一位候选人的个人经历来做决定。这可以是某一个做得好或者不好的报告，或者是某一次某个人展现了正能量或者只是为自己辩护的会议，甚至可以是在过道里的某次偶遇。这些印象左右着人们对每一位候选人的看法。如果有限的几次偶遇给主管们留下了良好的印象，那么主管们会照单全收那些溢美之词，晋升的可能性就很大。其他人不会如此幸运。尽可能利用好每一个可以决定你职业生涯的关键时刻。要为这些关键时刻做好准备。

幸运的是，大多数关键时刻都可以预测到，也就是说你可以为这些关键时刻做好准备。下面列出了 10 种经典的关键时刻：

- **作报告**。在人们早已忘记你说了什么之后，他们依然会记得你是什么样的人。如果这就是他们所看到的你的一切，那么这将构成他们对你的看法。这是你身处聚光灯下的时刻。多花一点时间，确保自己光彩夺目。

- **预算**。预算其实就是一份合同。你同意用多少钱交付多少产品。无论你身处预算谈判的哪一方，一定要谈判好。如果你是接受预算的一方，那么要把重点放在你能交付的产品上。如果你是给予预算的一方，那么你要将团队用到极限，否则他们就会陷入平庸。要运用预算来迫使运营变得非同寻常：要迫使团队寻找到新的工作方法，而不只是更加努力地工作。

- **打造自己的团队**。团队有多强，你就有多强。软弱无能的领导者会雇佣软弱无能的团队成员，他们会如一位上司所说的那样"不会抢我的风头，不会比我聪明，不会以计谋战胜我"。一定要雇佣最佳团队成员。要寻找以下 3 点：

  1. 品质：你需要一个既有良好价值观又有良好技能的团队。

  2. 匹配：你需要正确种类的技能来完成你所面临的任务。

  3. 平衡：技能与风格的多样性能带来更好的解决方案和结果。

- **危机**。在这种时刻，谁都无法确定该做什么。正是在这种时刻，领导者会挺身而出，跟随者畏惧退缩。后退一步并提供分析的确是安全之举，因为你不必承担任何责任。但是遇到危机时，你需要采取行动，而不是进行分析。幸运的是，许多危机都可以预见到，因为你知道自己的领域内什么会出差错。要在心中为自己的领域可能面临的潜在危机制订出应急计划，当危机真正到来时，你可以挺身而出。一旦掌控局面，你就成为了领导者，就能出尽风头。对于有准备的人而言，危机是巨大的机会。

• **挫折**。危机由外部力量所驱动，挫折的责任则在于你自己。我们都经历过挫折，而我们应对挫折的方式影响着我们的未来。有些人会因此一蹶不振，去别处寻找更平静的生活。这固然无可厚非，却不是领导者应该做的。领导者需要有韧性。最佳的做法是承认问题，然后控制局面，全力采取补救行动。要么将事后检讨推到以后，要么永远不要事后检讨。

• **新点子**。许多公司嘴上说它们欢迎新点子，却采取行动阻止新点子：新点子意味着变化和风险。这便留下了一个真空：谁将琢磨出新点子并为此摇旗呐喊？先下手肯定有巨大优势。如果你就是最初琢磨出新点子的人，那么你大概会领导规划过程并且领导规划的执行。如果点子很大，那么你很快会发现自己在很高的层面上领导。要有勃勃雄心，要尽早出手。

• **启动新角色或新项目**。大多数战斗在第一枪打响之前就胜负已定：准备更充分、占据更好阵地的一方通常会获胜。在启动新的项目或者新的角色时，这条法则同样正确。一定要确保自己在开始之前就具有成功所需的正确的目标、正确的资源、正确的预算和正确的团队。一旦正式启动，你便失去了所有讨价还价的权力。

· **接受反馈意见**。谁也不喜欢反馈意见，除非那是赞扬和奉承。同样，主管也不喜欢给你反馈意见，因为大多数主管不喜欢冲突，尤其是与自己的团队成员发生冲突。如果你就反馈意见发生争论，那你就成了主管眼中最可怕的噩梦。你在别人的眼里缺乏忠诚、咄咄逼人无法学习或者提高自己、无法掌控。一旦遇到机构重组和裁员，你会首当其冲。接受反馈意见其实是表现出好学、主动、积极向上的好时机：你的上司会如释重负，会继续让你留在团队中。

· **给予晋升和奖金**。这是检验你作为领导者的时刻：你能否满足团队成员的期望？这是你必须要做到的。如果做不到，你会失去所有信任和可信度。这意味着关键时刻的出现远远早于晋升和金钱奖励。它发生在你与团队制定期望值之时。一定要尽早与团队成员就他们的期望值进行艰难但积极的交谈。这肯定要比以后因未能兑现承诺而进行难以继续的交谈要好。不要回避艰难的交谈。

· **寻求晋升**。以前，论资排辈的做法意味着你完全可以等着轮到你得到提拔，但这一套现在已经行不通了。

如果你想得到晋升，你就必须自己寻找到机会，要么在你目前效力的公司内部，要么在公司之外。如果遭到拒绝，你正好借此机会询问，未来要想得到提拔，你还差哪些条件。这样一来，你可以不必再胡乱猜想，还可以得知通往成功的清晰道路图。如果你不提出问题，你自然得不到答案，一定要大胆提问。

45

演好角色

2017 年夏，英国议会发生了一场小革命，下议院发言人宣布，议员们在议会大厦内不必再系领带。领带的霸权终于被推翻了。

古往今来，雄心勃勃的领导者都发现，仅仅做正确的事还不够，你还得把角色演好。风格与内容同样重要。这或许显得不公平，但成功并非永远公平。实际上，我们评判别人不仅仅要看他们干了什么，还要看他们是什么样的人。我们都会记住一起共事过的好上司和坏上司，不仅是因为他们取得的成绩，还因为他们对待我们的方式。

扮演一个角色以及分析一个角色有许多规定，而这些规定又会随着时间和环境的变化而变化。一些比较传统的公司仍然要求员工上班时身着正装，但正装在硅谷会显得格格不入，因为那里的每个人都会遵循一条同样严厉的着装准则，那就是极其的休闲。每个领导俱乐部都有不成文的规定，都

必须严格监督执行。作为领导者，你需要自己去发现这些
规定。

"如果你准备扮演这个角色，那么你最好知
道这个角色有什么要求。"

当领导就是进行一场表演。如果你准备扮演这个角色，
那么你最好知道这个角色有什么要求。你的角色分成两个部
分：对演员/领导的普遍性要求，以及你所出演的戏剧或工
作的公司对你的具体要求。对领导的普遍性要求可以被视作
职业操守，是你作为领导时必须做到的最低要求。

培养职业操守

设想一下，你去出席一个会议。你准时赶到。你要见的
人迟到了 15 分钟，而且衣冠不整。他把脚放到桌上，在你
和他说话的过程中，他大部分时间都在查看或者回复短信。
你会作何反应？他很可能不会给你留下一个好印象。这个人
如此表现或许有非常正当的理由——他可能在别处正经历一
场紧迫的危机，抽时间来见你已经给了你很大的面子。可
是，如果对方的方式更专业化一点，你的反应或许会更好。

"职业操守不只是给自己定下标准，而且是
给别人树立一个榜样。"

职业操守不只是给自己定下标准，而且是给别人树立一个榜样。它还会让别人比较容易与你打交道——你不希望他们因为你的行为或外表而分散精力。

当公司开始制定对职业操守的要求时，其结果常常令人泄气，也很少能起到作用。你有可能会收到一份打勾的练习题，内容涉及衣裙的下摆线和领带。你只需遵循金科玉律就能定下自己更高的标准：以期望别人对待你的方式去对待别人。下面这些类别需要你思考：

· **令人讨厌的举止**：周围人的哪些方面真的令我讨厌？我是想随他们的大流呢，还是制定更高的标准？

· **尊重**：我最尊重的是哪些人？为什么？我能从他们的行为中学到什么？我想成为那样的人吗？

· **着装要求**：比我高两级的人如何穿着？我应该穿着得像那个群体的一员，还是像另一个群体的一员？着装具有群体性，能够反映你属于哪里。

· **会议**：会议有哪些准则？准时、贡献等等。

· **电子邮件**、**短信和电话**：我应该隔多久回复？应该正式或者非正式到什么程度？打字错误和表情符号呢？

· **闲聊和打趣**：与其他交流形式一样，可以假设你最不希望听到你说什么的那个人听到了。

职业操守的行动方面

我坐火车从伦敦去纽卡斯尔。我听到坐在附近桌子周围的几个人在谈论他们要去参加的一个会议。他们在推销一些广告，而且知道这些广告没有达到标准。他们的创作人员没有履行职责，结果引发了一场危机。他们正在研究如何能够让客户接受他们在最后一刻匆忙拼凑起来的东西。

他们不知道参加会议的另一方是我的一位同事。我赶在他们之前准时抵达了办公室。他们随后神秘的迟到了 15 分钟，而我则将自己听到的内容简单告诉了我的同事。90 分钟后，广告商离开了会场，面如土灰：他们刚刚丢了合同。

在公开场合透露机密不是好的职业操守。

人们在处理职业操守时常常犯两个大错误。第一个错误是将职业操守简化为一本手册或者一项打勾的练习。作为领导，你应该保持比手册中的基本要求更高的标准。第二个错误是接受周围人的文化。如果你的同事们衣着平平，或者喜欢评头论足、说其他同事的坏话，你没有必要非得变成他们那样。为自己定下更高的标准之后，你能够以积极向上的方式凸现出来。在最坏的情况下，接受文化规范意味着你会落到接受不道德或不合法标准的地步，我们在银行业持续不断的丑闻中能够看到这一点：伦敦银行同业拆借利率操纵案、外汇操纵案、PPI（支付保护险）不当销售案等。

学好你的角色

除了职业操守的一些通用规定外，你还得弄清楚所在机构的具体规定。在确定这些规范的过程中，你必须决定自己遵守到什么程度。如果发现自己并不喜欢这些文化规范，你可能身处错误的机构中。就算你是 CEO，你也很难改变文化。当一位伟大领导加盟一家差劲的机构时，丝毫不受影响的往往是这家机构的名声。

> "就算你是 CEO，你也很难改变文化。"

你也许希望思考一下下面这些规范：

- **风险**：你是应该敢于冒险还是应该将风险降至最低？
- **适应性还是一致性**：你是应该按部就班地行事还是应该使自己适应条件？
- **行走还是奔跑**：这是一个高节奏还是一个从容不迫的机构？
- **行动还是分析**：行动与思考之间的正确平衡是什么？
- **大局还是细节**：它们之间的正确平衡是什么？
- **是服务客户还是将利益最大化**：在紧要关头时应该先考虑哪一方的利益？

唯一正确的答案是什么在你的世界里行得通。在飞机制造业中，生命依赖于完美的精确性。在教学中，永远不会有完美的一堂课：教室里有 30 个孩子，你得学会快速适应，学会随机应变。你不会有充足的时间去兑现完美的计划。

46

成为角色

演好角色涉及你的表现，至少对外面世界而言是这样。成为角色则涉及你的本质。最出色的领导者不仅行动异于常人，他们的思维也与常人不同。继续对领导艺术进行研究是为了证明一点：最出色的领导者思考问题的方式是一致的。这里有一个与众不同的成功模式，值得我们所有人学习。

这初听上去令人生畏。如果我们必须改变自己的思维方式，那我们就必须改变自身。这还不如训练老虎吃素，因为我们无法改变我们自身。幸运的是，这里并不要求这种彻底的改变。我们不必改变自身，我们只需将现在的自己变得更好。

"我们只需将现在的自己变得更好。"

商业、教育界、体育界、公共部门和私企领域最出色的领导者都有 7 个相同的心态：

1. 以明星为目标：高期望值的力量。

2. 勇敢：加速事业进程。

3. 当别人倒在路旁时，坚持到底。

4. 保持积极进取，不要消极沉沦。

5. 相信自己，否则谁也不会相信你。

6. 保持学习，不断成长。

7. 有选择地保持冷酷。

如果碰到风平浪静的日子，我们大概会追求所有这一切。不同之处在于最出色的领导者能够数年如一日坚持不懈，而且将每一种心态发挥到极致。我们也许成不了高层领导，但我们可以向他们学习。正如我们可能成不了世界级的体育明星或音乐家，但学习这些最基本的东西可以让我们在同辈中脱颖而出。本节将介绍如何培养你的成功心态。

以明星为目标

我们每个人最初定下的目标都很高，但随着时间的流逝，我们慢慢妥协让步——我们量力而行。这便是满足的秘诀，但绝不是成功的灵丹妙药。最出色的领导者绝不在给他们自己以及团队定下的目标上妥协让步。他们要把自己和别人发挥到极致。他们要验证诗人威廉·布莱克的话："欲知何者为足够，必须先知何者为多余。"要准备好将自己带到极限，因为只有通过极限才知道自己的极限在哪里。

"最出色的领导者绝不在给他们自己以及团队定下的目标上妥协让步。"

以明星为目标

他曾是一家成功的非营利机构的 CEO，但他知道自己可以做得更好。他一直在英国做教育，却决定解决全球教育问题。他看到大多数全球性教育方案用心良苦，却也夹杂着一丝恩赐的意味——聪明的西方人去告诉当地人他们应该如何办教育。他的办法更好：去印度和乌干达这样的地方，告诉当地人他们在教育方面做得非常好。他唯一要做的是找到出色的理念和杰出的人，发起一场改变教师，从而改变整个体系的运动。

这是一个疯狂的空想。他没有资金，没有团队，一无所有。为了追求自己的梦想，他还得放弃稳定的工作。他启动了项目，但是第一年过后，他的主要资助方做出了战略性的决定，不再资助印度的任何项目。然而，他严格遵循自己的 IPA 计划——他有好点子，也在自己周围建立一个了不起的团队。只要有了了不起的理念和团队，他就能推动行动，寻找到资金来支持梦想，即便是在他的主要赞助方退出之后。

两年后，他在印度北方邦帮助 20 万名教师，在德里各地运行着一个成功的项目，而且正在乌干达设立一个新项目。

你的梦想是什么？

实现大梦想经常比实现小目标容易。如果你的点子很小，谁也不会感兴趣。CEO 或者政府的部长们没有时间浪费

在小点子上，他们需要能够带来大变化的大点子。一旦有了一个大点子，你就有机会带来不同，有机会得到最有权的人支持，有机会鼓舞和激发你的团队。

一定要大胆，要敢于梦想。

勇敢

我们都会做梦，但天一亮美梦就会消失。我们的脑海中始终有一个声音在告诉我们不要冒险，告诉我们要避免难堪和失败。这个声音很具说服力，会召唤来无数魔鬼。正是由于此，我们的美梦只能是美梦，不是现实。

你所面临的挑战是要驯服在你耳边窃窃私语、要你多加小心的声音。你无法对这些声音置之不理——就连自信心最强的领导者也有动摇的时刻。你必须对付它们，办法如下：

- 紧紧盯着奖品。要对未来有一个完美的看法：这是 IPA 计划中的"想法"（Idea）部分。这也是你想追求的梦想。如果奖品足够大，当然就值得你为此冒险。

- 一步一步来。这可以像接受建议一样简单，找到一些支持者，逐步把那个"想法"做大。不必立刻去冒所有的险。这是 IPA 计划中"人（People）"的部分：建立一个团队，让团队里的人支持你，帮助你完善点子。

- 想象最糟糕的结果。然后想办法如何解决它。如果你甘愿冒险，一定要显得像个傻瓜，那么我可以告诉你，这绝对不是最糟糕的情况，而且几乎人人都经历过。但是，如果你拿自己的工作冒险，那么你能找到另一份工作吗？直面各种魔鬼，不要躲避它们。

采取行动，也就是 IPA 计划中"行动（Action）"的部分。取得一些初步成果，创造动力，树立信心。"万事开头难"这句谚语是有道理的。可一旦创造出了自己的花车，就可以开始按照自己的方式去生活。然后要胆大：准备快速扩展。遵循那条座右铭："雄心勃勃，从小做起，快速扩展!"不要过早打退堂鼓，也不要满足于小的成功。如果你有完美的未来，那就继续朝着它努力。

只要你勇敢，就能加速自己的事业，但那样你会成功也快，失败也快。我们将会看到，最出色的领导者们经常否认失败。他们将暂时的挫折视为学习和成长的机会。换言之，他们有足够的韧性可以利用。

坚持到底

成败之间的区别常常就在于坚持。詹姆士·戴森试验了5000 多原型机后才完善了自己的无袋吸尘器。丘吉尔在两次世界大战之间落魄了多年，大家在这期间只是将他视为独立特行的人。在当上美国总统之前，亚伯拉罕·林肯做生意失败了两次，竞选失败过 8 次，还经历过一次精神崩溃。

如果你只是一味地要求别人变得更加坚强，那别人无法仅从你的要求中得到帮助，但是下面这些措施却可以让你坚持到底：

- 专注于未来的完美结果。牢记最终的成功，不断朝那里努力。始终不渝地坚持你的目的和使命。
- 建立一个能支持你的关系网。单枪匹马很难成功。找到可以信任的人，他们可以帮你梦想成真，可以在你需要的时候给你建议、安慰和支持。"与人分享问题就等于解决了问题的一半"这句谚语不会错。
- 从目前的工作中得到乐趣。任何伟大的事业都需要极大的付出。我们每个人都可以勤奋工作一段时间，但不会年复一年保持所需的努力水平，除非你从工作中得到乐趣。在体育、音乐或商界达到顶峰需要付出无尽的努力和练习。只有喜欢一件事，才会把这件事做好。
- 要向积极的方面看。每当球队惨败时，教练都会重复这句口头禅。这样做是有原因的。即便遭受巨大挫折，我们仍然可以从挫折中学到许多东西。如果你能从每一次挫折中学到东西，你就会变得更强大。借用

> 尼采的一句话："任何事只要没有把你打倒，都能让你变得更坚强"……条件是你从经验中学到东西，不断成长。

- 面对残酷的事实。不要指望问题会自行消失，要学会解决问题。盲目的乐观主义很快会带来绝望。你勇敢直面问题的次数越多，得到的经验就越多，解决这些问题的能力也就越大。

- 掌控局面。危机能够区分领导者和落后者。前景偶尔也会显得一片黯淡，你会很容易感到不堪重负，然后放弃。但即便是在最没有希望的时刻，你通常还是可以做一些事。哪怕只能做一件事，那也要做。哪怕只是打一个电话，那也要打。只要有所行动，你就创造了机会和希望，你就能在别人放弃的时候继续向前。

你时刻都会有充分的理由放弃：工作/生活之间的平衡，发现自己在公司内的勾心斗角中站错了队，运气不佳，重大挫折。每个人都会遇到这些挑战，区别在于我们应对每一个挑战时如何选择。如果你选择放弃完美未来这样的愿景，那一定要有你想追求的其他愿景。它可以简单到只是养家糊口。不管是什么愿景，一定要确保是你真心想做的事。

保持积极进取，不要消极沉沦

简单地说，你是否想为一个总是抱怨、消极卑鄙的人工作，或者与他共事？或者，你是否更愿意与乐观、积极阳光、精力充沛的人共事？

积极阳光不只是记得向别人说一句"祝你愉快"。让别人保持积极进取会像要别人保持快乐一样有用。你可以遵照公司的脚本假装快乐或者积极阳光，但那与你内心深处保持快乐或积极进取截然不同。然而，保持积极进取非常重要。学术研究结果显示，积极进取的人更长寿、生活得更好。

活得更长，活得更好

这项里程碑式的研究对象是一些修女，她们对这类研究非常有用。她们的饮食和日常生活完全相同，因此大多数变量都能解释清楚。每个修道院一个条目，每一位修女被要求记录自己为什么想当修女。有些人恰当地写道她们感到了使命的召唤，因而想为上帝服务。我们把这群修女称作"使命型"修女。其他人则为有机会进修道院而感到高兴和兴奋。我们将这群人称作"快乐型"修女。

60多年后，研究人员发现，这些修女已经是85岁高龄，90%的"快乐型"修女仍然很健康，"使命型"修女中只有34%尚在人世，还在尽职。"快乐型"修女的平均寿命比"使命型"修女长9.4岁。

我们都能一眼就看出积极与消极之间的区别，其典型的表现列在下表中。

积极的人	消极的人
注重机会	注重问题
拥抱变革	死抱着过去
支持同事	抱怨同事
采取行动	躲在分析中
承担责任	分摊责任
精力充沛	消极，精力低下
充满激情	玩世不恭

顺利的时候，人人都会积极向上。不顺利的时候，则是对领导者真正的考验。仅仅告诉某人要积极进取于事无补。但是，知道自己可以选择如何表现，知道别人如何看待自己，这确实能起到作用。下一次遇到不顺时，要记住哪些人积极向上，哪些人消极沉沦，然后就自己要如何行事做出选择。

"不顺利的时候，则是对领导者真正的考验。"

能够年复一年地保持积极乐观的世界观难度更大。作为领导者，我们只要积极向上，就能比消极的领导者更有可能

316

吸引到追随者和支持者。我从小到大始终相信不是晴天就是雨天，要么就是即将要下雨。于是我必须学会保持乐观，学会保持积极向上。这是一条永无止境的发现之旅。下面这几种办法能够帮助你发现人生中的阳光：

- 数一数生命之中的恩赐。试着做一下这个练习。数一数你今天遭到的所有不顺心的事——交通堵塞、令人恼火的电子邮件，以及令人心烦的新闻。这会立刻让人感到不爽。现在反过来试一试。想想今天发生的第一件令你高兴的事——清晨，在温暖的床上醒来，周围都是现代生活的各种便利设施，远远超出了我们近代祖先们的想象。这便是一个很好的开端。从卫生保健和口腔护理，到汽车、电脑、电视等等，我们是非常幸运的一代。

- 直面面对消极思想。一个简单的练习是在手腕上系一根松紧带。每次有消极思想出现时，提起松紧带，弹回到手腕上。用这种小疼痛来挑战消极思想，寻找另一条途经来看待问题。你很快就会手腕疼痛，对周围的世界有一个更加积极的全新看法。你会发现大多数消极想法其实都是多余的。挑战消极想法的最佳办法经常是问一声："那么我想怎么处理它？"你要么用积极的办法采取行动，要么无能为力。如果是后一种情况，担心、焦虑毫无意义。

- 选择自己的情感。如果一天过得非常不顺,恰好有人过来而且令人讨厌,你完全有理由感到生气、心烦。但是没有一条法则说你必须感到生气和心烦,那只是你的选择而已。每次感到生气时,可以用松紧带来挑战你的情感。当你意识到自己可以选择情感时,你很少再想感到不愉快。
- 聚焦于未来。沉湎于过去很危险。我们要么回忆过去某个虚幻的黄金年代,自我安慰地认为那时比现在好,要么回忆过去所有的失望和挫折之事。无论是何种情况,对我们都是有害无利。如果我们展望未来,然后采取小步骤去创造这个未来,我们就给自己和团队带来了希望、目的和方向。

相信自己

你可以把大多数事情交给下属去办,但有些事情只能你自己做。如果你缺少激情和精力,那么也不要指望别人会为你精力充沛、活力四射。如果你不相信自己,那么别人谁也不会相信你。相信自己非常重要,因为它明确了什么你可以做到,什么你做不到。

"如果你不相信自己,那么别人也不会相信你。"

如果你认为自己能够做到或者做不到某件事，你或许有自己的道理。如果你认为自己可以做到，你就应该勇敢地接受挑战。如果你认为自己无法做到，你会发现那是一个自我应验的预言。这非常重要。

是才能还是自信？

我们成立了一个慈善机构，为艰苦地区的学校培养校长。我们的培养对象男女各半。4 年后，我们发现他们当中成为校长的几乎是清一色的男性。这一结果令人感到惊讶，因为我们从当初的内部评估数据中得知，男性和女性培养对象之间在表现和能力方面没有或者几乎没有区别。

我们起初将这个现象归咎于一些耳熟能详的嫌疑对象：不经意的性别歧视，缺乏好榜样，依然主要由母亲承担的养儿育女的重任。但我们还是尽可能多地采访了一些当初参加培训的人，看看是否还有什么别的原因。

我们发现，男性在他们（以及我们）认为自己或许只做好了50%的准备时就申请校长职位。他们相信自己可以在这个岗位上学到东西，相信自己可以凭花言巧语通过学校遴选委员会的面试。女性则希望接近 100%的准备时才会承担这样的责任。但事实上从来没有人为走上最高职位做好 100%的准备，所以结果总是会令人震惊。

我们随后发现，如果遭到拒绝，男性会责怪遴选委员会目光短浅、荒唐透顶。他们仍然自信满满，相信自己会成功，还会申请更多职位。通常，女性会反思自己的经历。她们一定要先改正自认的缺点，然后再申请职位。

> 这种不平衡的现象现在已经得到了解决，女校长们干得至少和男校长们一样好。才能方面并不存在任何区别，但自信将加速事业发展。

下面这些该做和不该做的事可以帮你建立自信心：

· 聚焦于学习能力，而不是做事能力。如果你一直要等到掌握了承担新角色所需的全部技能之后才选择新的角色，那么你肯定要等待非常久。如果新角色能让你有机会成长，让你能学到你想学的技能，那就努力争取吧。

· 依靠你的力量。任何领导者都不会在所有项目上名列榜首。每个人都有自己的弱点，所以领导艺术是团队努力。聚焦于你所擅长的事，围绕自己建一个团队，让团队做其余的事。

· 学会将挫折化为自己的优势。经历过的风险越多，你就越会判断风险，越会应对那些没有能给你带来结果的风险。例如，如果你要求得到晋升或者涨工资，结果成功了，那么这就是一个胜利。如果你要求得到晋升或涨工资，结果遭到了拒绝，那么你至少可以与上司沟通一下，谈一谈"我需要做什么才能得到我应该得到的晋升或者涨工资？"不管是哪种情况，你都有所收获。如果你不提出要求，就只能依靠上司的善心来解决你的未来问题。

- 不要追求表扬。得到表扬的快捷方式是集中精力做好自己所擅长的事。这能让你在自己的舒适区出类拔萃，但这也意味着你所冒的风险比别人少，学到的东西比别人少，成长得比别人慢。

- 不要担心同事。每个人都喜欢给人留下积极向上的自我形象。你的同事可能从外表看显得很成功，很有才。这很容易让你感到自惭形秽。实际上，每个人都有自己的酸甜苦辣，也都有自己的失败与成功。一定要根据自己的条件来给自己定位，而不是根据他人的条件。

- 不要对批评耿耿于怀。受到批评的感觉很像遭到了否定，总是让人震惊。大家对批评的自然反应是为自己辩护，对批评意见耿耿于怀，而这些都于事无补。相反，你要尽量理解。他们为什么批评我？就算批评不公平，你让自己身陷受到批评的地步，这其中肯定有原因。然后，你需要探讨自己可以做出哪些改正，可以在哪些方面做得更好——要向前看，而不是向后看。世上永远没有完美的人，因此批评也是你学习、改正和成长的机会。

保持学习，不断成长

我们在本书的导论部分看到，生存与成功的规则在机构不同层级上差别非常大。刚出道的时候，你需要通过事必躬亲来证明自己。成为管理者之后，你的世界应该有所改变。你不再需要亲力亲为，而需要通过别人来实现目标。这是一套截然不同的技能。当你成为高层领导之后，你的风险也会随之而上升。领导者必须将大家带到单凭他们自己无法达到的高度——他们不能仅仅管理自己所继承的遗产，而需要真正做出改变。

要想被人遗忘，最快的捷径便是死守着自己的舒适区。如果你有一技之长，完全可以凭着超群的技术做出一番事业，但你成不了领导者。即便有了一技之长，你仍然有可能必须学习，必须改变自己。就算没有被技术所替代，或者被贬到世界某个更廉价的地方去，今天的技能明天也会落伍。经合组织（OECD）中的平均工作任期为 10 年——你在 40 年漫长的职业生涯中会数次换上司，而新上司自然希望看到最新的技能。

> "要想被人遗忘，最快的捷径便是死守着自己的舒适区。"

如果你想领导别人，就必须不断学习、成长、改变自己。这就是说，我们需要逃出成功的牢笼。不要困在自己的舒适区中。学习意味着冒险。

谁是"白痴"？

我们去滑雪，人人都是新手。教练要我们"弯下膝盖"，我们照做，然后小心翼翼地尝试最简单的转弯技术。我们当中有一个自以为是的"白痴"，想学高难度的转弯技术。教练试着帮助他，但那就是一场闹剧。这位"白痴"每次尝试都会摔倒，滑稽的动作让我们捧腹不已。我们慢慢开始稳步掌握了基本的转弯技术，大着胆子进入了蓝色（容易的）滑雪道上。我们对自己很满意。与此同时，到处都看不到那位"白痴"的身影。一星期快结束时，我们正在初级坡道上滑行时突然发现了那个"白痴"。他正在黑色（很难的）滑雪道上全速下滑，而且控制得游刃有余，采用的正是他吃尽苦头学会的高难度转弯技术。他冒着失败和被人嘲笑的风险，我们没有。他学会了，我们没有。我们选择不再去想究竟谁是"白痴"。

久而久之，学习和成长的内容都是冒险、拓展自己和探索新机会。但是你也可以时刻反思每天发生的重大事件，从而在每天的实践中学习和成长。利用每一次困难的交谈、会议、重要电话或者汇报来学习和成功，你可以问自己两个简单的问题：WWW 和 EBI。

·哪里做得很好（WWW－What Went Well）？这对成功和挫折都很重要。我们成功时会认为那是水到渠成的事，但其实不是。发现自己做得很好，弄明白为什么进展顺利，然后你可以再接再厉，成功便会成为家常便饭。即便遭遇挫折，其中仍然会有一些事情你做得不错。在为出错的地方自责之前，一定要从好的方面学到东西。

· 如果……能做得更好（EBI-Even Better If）。"哪里做得很好"的恶魔胞弟是"哪里出了问题（WWW-What Went Wrong）"：这是推卸责任游戏的发令枪，你不会从中学到任何东西。EBI 则能轻松帮你梳理出下一次可以将什么做得不同、更好。

采用 EBI 和 WWW 不大可能让你灵光乍现，却能带来持续不断的小进步，聚少成多之后就会带来巨变。可以将这视为职业人士的"进步宝典"。

无论是坐在汽车内，行走在会议之间，还是有片刻的安宁，你随时都可以尝试 EBI 和 WWW。如果你想帮助团队提高他们的球技，在任何重大事件发生之后，这都是与团队分析情况的积极进取、聚焦行动的方法。

有选择地保持冷酷

领导艺术有一个阴暗面，既不是时刻对人笑脸相迎，也不是竭力去赢一场人气竞赛。你有时候必须做到冷酷无情。我采访过的所有领导者最不喜欢被人形容为冷酷无情，但他们确实又是如此。就连将自己相识了 25 年的同事开除的那位领导者也否认自己冷酷无情（她们甚至好到两家人结伴度假）。她认为自己只是尽职而已。

"接受借口就是接受失败。"

软弱无能的领导会做出让步。他们会满足于"二流"团队，会接受无法做成某事的各种理由。你在接受借口的同时也在接受失败。强硬的领导绝不会在原则问题上让步，这意味着他们准备做出艰难且不得人心的决定。领导地位被人们接受所依靠的是尊重，不是人气。

有两个方面需要你做到不通人情：

- 制定目标和预算，并且在这两点上决不让步。
- 打造"一流"团队。

制定目标和预算，并且在这两点上决不让步

如果说当领导就是把人们带到他们自身无法到达的高度，那么我们可以由此断定，你必须拓展、逼迫你的团队。不能仅仅满足于容易的目标和轻松的生活。一旦遇到困难，不要降低目标，而要弄明白实现目标还需要什么更多的东西。尽管目标可能定得不尽合理，但你在团队如何实现目标方面仍需灵活行事，时刻给予他们支持。

打造"一流"团队

大多数领导者会凭本能与现有团队合作，支持他们，并且帮助他们实现目标。这是正确的本能。但是，你也要为清除一些人做好准备。这通常有下列 4 种原因：

1. 技能与角色不配：由于一项新任务或者一次机构重组，一些岗位成了多余的。

2. 缺乏信任：团队合作依赖于信任，一旦信任丧失，一方就必须离开。团队成员之所以必须离开，是因为领导者很少开除自己。

3. 错误的价值观：对于团队的士气和业绩而言，错误的价值观如同癌症。要赶在癌症扩散之前将其切除。

4. 平庸无为：毫无能力的人屈指可数。每个人偶尔都会犯下大错，但这不是开除他们的借口。更常见的情况是那些碌碌无为的人一直霸占着岗位，因为谁也不想当恶人去做出艰难的决定。如果你有资源，能够容忍这些人，那你可能会逃避做出决定。但如果你的任务非常重要，非常耗费资源，你的团队肯定巴不得你将这些负担卸掉。

超出理智

腓力二世统治着希腊文明最边缘的一个微不足道的小国——马其顿。为了显得自己很文明，他聘请了当时哲学界的巨星亚里士多德教育他的儿子兼继承人。腓力二世遇刺身亡，他儿子亚历山大 20 岁继位。

亚历山大雄心勃勃。他不想证明自己受过文明教育。他想征服整个文明世界。任何有理智的人都会告诉他这不可能。13 年后，他实现了这个不可能实现的大业，一路打到阿富汗，建立了 20 座以他的名字命名的城市。

续表

> 我们今天记住了亚历山大大帝,而他那表兄——理性的亚历山大一世——却早已被人遗忘。这个世界不是由追求理性的人改变的。

有些人天生鲁莽,不讲道理。他们常常都是精神病患者,只要能成功,什么都会做:践踏同事的生活和事业;将道德和伦理留给他们心目中的懦夫。除了一些达到目的的独裁者外,他们都不是光辉榜样。因此,你需要有选择地做到冷酷无情、不讲道理,而不是永远这样:要选对战斗。

冷酷无情并不意味着你就一定会令人讨厌。你的决定可能是无情的,但宣布决定的方式应该表现出对团队的尊重。不过,我们大多数人并非天生冷酷无情、不讲道理。这是慢慢养成的——我们渐渐学会,妥协意味着错过目标,意味着让团队和我们自己失望。这是不值得的。领导者最终会明白自己所追求的目标很重要、很有价值、需要努力,并且能从中学会强硬。这种目标不允许妥协,你得承担艰巨任务。如果你想有所成就,就得做到强硬。

> "你的决定可能是无情的,但宣布决定的方
> 式应该表现出对团队的尊重。"

不讲道理的领导风格的行动方面

1. 要做到不讲道理

确定需要全力以赴的目标。强力推行非同寻常的任务。带领大家超越他们的舒适区，让他们能够成长和发展。聚焦于影响。

2. 方式要灵活

不要对职业人士进行微观管理。信任自己的团队。让他们提出比你最初想到的方法更好的方法。如果他们想得到帮助和指导，那就让他们主动提出来，然后提供给他们。

3. 打造"一流"团队

不要退而求其次——要超越技能，寻找到具有正确价值观和献身精神的人。

4. 授权并支持团队

安排团队取得成功——给他们足够的预算；给他们提供保护伞，让他们避开勾心斗角、干扰和行政琐事；询问他们需要什么并确保他们得到所需的东西。预先制止任何借口。

5. 期望值一定要具体详尽

目标要具体。详细说明好的结果应该是什么样，对于时间控制和阶段性成果一定要说清楚。不要含糊不清或者模棱两可，而且要确保团队明白你的期望值。不要突然出现意外情况。

6. 走开式管理

不要替他们解决问题。要帮助他们学会面对每一个挑战。给他们指导，而不是命令。

续表

> 7. 适当地监控
>
> 信任团队，团队也会信任你。不要过于监控。尽早评估进展情况，这样就能及时采取纠正措施，并且按需进行指导。将大任务分解成小任务，这样就能取得成功、接受监控并完成任务。
>
> 8. 不要接受任何借口
>
> 接受借口就是接受失败。表扬别人时要不吝赞美之词，不要事事抢风头。要赏识下属，给下属以动力。
>
> 9. 快速应对挫折
>
> 挫折应该成为工作得更好和更具创造性的理由，而不是拖沓或降低目标的借口。营造一种开放式的文化，让大家很早就看出挫折，从中接受教训，然后快速采取行动。避免相互推卸责任。
>
> 10. 采取行动
>
> 避免"分析瘫痪"。对下一步要发生的事要非常清楚，现在就采取行动。

结论：领导之旅

本书所传达的信息很简单：任何人都能学会当领导，学会更好地领导下属。不要等晋升到很高的职位之后才开始领导别人。无论今天担任什么职务，你都可以也应该开始当领导。当领导不是事关你的头衔，而是事关你的所作所为。

"当领导不是事关你的头衔，而是事关你的所作所为。"

最出色的领导在做什么，没有任何神秘之处。说到底，他们全都有着相同的计划：即思想（Idea）、人（People）和行动（Action）构成的IPA计划。如果你对如何成立未来完美的公司或单位有好点子，那么你已经有了一个好的开头。好点子能给你一个计划，让你开始掌控自己的命运，而不是任由外部力量去塑造你。然后，在身边打造一个出色的团队，帮助他们将点子变成行动。

330

领导的计划很容易阐述，却很难实施。没有人具备实施计划所需的全部技能，许多最出色的领导者都有非常明显的弱点。这应该能给你一丝安慰。任何领导者都不是十全十美的。你不需要成为完美的领导者才能取得成功，因为完美的领导者并不存在。相反，要依靠自己的力量，成为最好的你。领导者有许多不同的风格和特点——养成最适合你的风格，然后充分运用 IPA 领导计划。

作为一名领导者，不要寻求完美，要寻求不断的提高。最出色的领导者总是在不断学习，不断成长。你必须这样，因为在机构的不同级别上，人们都会对你有不同的期待，你也会遇到新的挑战。这意味着当领导不是最终的目的地，而是一段发现之旅。一定要有这种态度，将每一个新的挑战当作一次学习、成长和出彩的机会。

"一定要有这种态度，将每一个新的挑战当作一次学习、成长和出彩的机会。"

一旦有了当领导的勇气，你就会过上丰富多彩的生活，还有记录按钮。这是一种好的生活方式。你的高潮与低谷都将值得记忆，你也会从中变得更加坚强。

让自己充分享受这个领导之旅。只有从中得到乐趣的事情，你才会做得出色；只有充分享受自己所做的一切，你才能数月、数年地保持成功所需的努力。通向领导职位之旅对你而言将是独一无二的。不管是什么旅程，充分享受它吧。

图书在版编目（ＣＩＰ）数据

领导的艺术：高效领导权威指南 ／（英）乔·欧文（Jo Owen）著；路旦俊，杨伟译.
－－ 长沙：湖南科学技术出版社，2019.9
ISBN 978-7-5710-0143-8

Ⅰ．①领… Ⅱ．①乔… ②路… ③杨… Ⅲ．①领导艺术 Ⅳ．①C933.22

中国版本图书馆 CIP 数据核字 (2019) 第 070729 号

著作权合同登记号：18-2019-035
HOW TO LEAD
978-1-292-23257-7 by Jo Owen, Copyright © Jo Owen 2005, 2018
This translation of HOW TO LEAD is published by arrangement with Pearson Education Limited.
Simplified Chinese Translation copyright © 2019 by Hunan Science&Technology Press.

LINGDAO DE YISHU GAOXIAO LINGDAO QUANWEI ZHINAN
领导的艺术 高效领导权威指南
著　　者：〔英〕乔·欧文
译　　者：路旦俊　杨 伟
责任编辑：李 柔　兰 晓
出版发行：湖南科学技术出版社
社　　址：长沙市湘雅路 276 号
　　　　　http://www.hnstp.com
湖南科学技术出版社天猫旗舰店网址：
　　　　　http://hnkjcbs.tmall.com
印　　刷：湖南省众鑫印务有限责任公司
　　　　　（印装质量问题请直接与本厂联系）
厂　　址：长沙县榔梨镇保家村工业园
邮　　编：410129
版　　次：2019 年 9 月第 1 版
印　　次：2019 年 9 月第 1 次印刷
开　　本：880mm×1230mm　1/32
印　　张：11.5
字　　数：180000
书　　号：ISBN 978-7-5710-0143-8
定　　价：58.00 元
（版权所有·翻印必究）